江苏高校哲学社会科学研究一般项目资助
(项目名称:交通服务中的体验设计研究;项目批准号:2022SJYB1204)

交通服务中的体验设计研究

唐 珊 著

中国矿业大学出版社
·徐州·

图书在版编目(CIP)数据

交通服务中的体验设计研究 / 唐珊著. — 徐州 ：中国矿业大学出版社，2024. 6. — ISBN 978 - 7 - 5646 - 6316 - 2

Ⅰ. F570.82

中国国家版本馆 CIP 数据核字第 20241FN477 号

书　　名　交通服务中的体验设计研究
著　　者　唐　珊
责任编辑　史凤萍
出版发行　中国矿业大学出版社有限责任公司
　　　　　　(江苏省徐州市解放南路　邮编 221008)
营销热线　(0516)83885370　83884103
出版服务　(0516)83995789　83884920
网　　址　http://www.cumtp.com　**E-mail**:cumtpvip@cumtp.com
印　　刷　苏州市古得堡数码印刷有限公司
开　　本　787 mm×1092 mm　1/16　**印张** 10.5　**字数** 206 千字
版次印次　2024 年 6 月第 1 版　2024 年 6 月第 1 次印刷
定　　价　42.00 元

前　言

随着体验经济的兴起和发展，体验设计作为一种崭新的设计哲学理念，不断突显“以人为中心”的设计思想，被设计领域广泛接受，为现代生活中提升人的获得感和满足感注入新的能动力量。体验设计之所以获得了越来越多的关注，是因为它关注消费者在使用产品和享受服务时所寻求的新的价值主张，而不再是产品的所有权或者服务的可用性，这尤其体现在现代生活中极其重要的交通服务中：无论是私人出行、日常通勤、商务旅行，还是自有交通、公共交通、共享交通，交通体验贯穿从使用过程开始到结束与产品、服务或产品服务系统（Product Service System，简称 PSS）交互的所有时刻。

交通体验涉及与交通工具、交通服务部门的互动，然而人们接触的交通工具零部件是由车辆制造商和服务部门单独设计的，无法给人们提供稳定而统一的体验。基于此问题，本研究提出交通 PSS 概念，即将交通服务视作一个整体，以人们使用交通服务时产生的体验（交通体验）作为直接设计对象，重点研究交通体验的影响因素及构成要素，旨在提出交通体验的设计策略，以体验驱动交通服务的创新。

本研究的研究项目涉及 3 个主要阶段。第一阶段主要包括交通体验的定性研究（问卷、访谈及扎根理论），最终梳理出交通体验的形成过程以及 34 个影响因素，为后续交通体验要素的提出奠定基础。第二阶段主要包括交通体验要素的归纳，主要采用卡片分类的方法提取要素，最终得出交通体验作为设计对象的 6 个要素：载体（vehicle，包括设施、服务、环境）、期许（expectation，包括动机、目标、期望值）、进程（progression，包括节奏、呈现、回馈、参与）、连接（connecting，包括人与载体的连接、人与人的连接）、价值（value）、意义（meaning）。同时，本研究提出交通体验 V-CEPM-V 模型工具，并运用具体案例分析解读该模型的运行机制。第三阶段主要包括采用工作坊小组的对比实验，证明 V-CEPM-V 模型工具在交通服务的设计开发中的可操作性及优越性，并通过具体设计实践案例充分证明该模型的理论可靠性，为交通服务的设计创新提供新的工具和视角。

目　录

1 绪　论

1.1 研究背景

随着共享汽车和拼车等新型移动出行方式的出现，人们对汽车的理解正从“拥有”向“使用”转变。这种变化不仅反映了消费者观念的转变，也推动了交通服务设计从功能性向体验导向的转型。卡根(Cagan)等在2004年出版了《创造突破性产品》，该书从社会(society)、经济(economy)、技术(technology)3个方面进行分析，找到产品、服务与研究的机会缺口，即创造突破性产品的设计机遇点(见图1-1)。卡根(2004)在书中指出，设计思想已从传统的“形式追随功能”转向“形式与功能共塑体验”。这一理念在设计领域影响深远，强调了设计不仅要满足功能需求，还要通过形式与功能的结合创造独特的用户体验。因此，笔者沿用此理念，从社会、经济、技术这3个方面阐述目前交通服务的形式与变化。

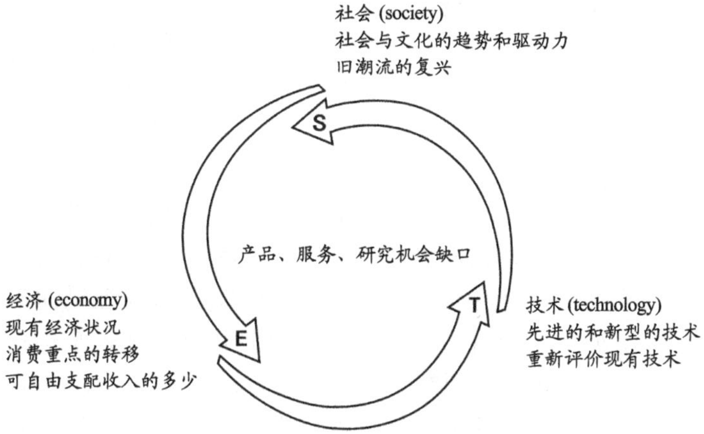

图1-1 社会(society)、经济(economy)、技术(technology)，SET模型

(资料来源：Cagan et al.,2004)

1.1.1 社会方面

在现代社会，对交通的高度需求和过度依赖已成为一大显著特点(Nieuwenhuis et al.,2012)。为了工作需要，商务人士常常为了洽谈合作跨越大洲大洋奔赴不同国家的城市；为了领略异国他乡的风土人情，游客们的足迹遍布全球各地的名胜古迹。与此同时，物资的远距离运输也极为普遍，从东南亚的热带水果跨越千山万水被摆上欧洲超市的货架，到中国的电子产品被运往南美洲的各个角落，全球贸易的蓬勃发展使得物资在世界范围内的流通成为常态。然而，在享受交通带来的便捷时，诸多棘手问题也接踵而至。汽车、船舶、飞机等的排放物持续污染着清新的空气，导致空气污染问题愈发严重；在材料的使用方面，大量交通基础设施建设以及交通工具制造对各类金属、塑料等材料的消耗巨大，给资源供应带来了沉重压力；汽车安全事故频发，每年因交通事故导致的伤亡人数触目惊心；交通拥堵在各大城市已成顽疾，尤其是在早晚高峰时段，道路上车流如织，拥堵路段水泄不通，不仅浪费人们大量的时间和精力，还增加了能源的消耗；更不容忽视的是，交通导致的气候变化问题日益凸显，成为地球生态环境的一大威胁……以上这些都是交通系统面临的严峻挑战。

2022 年据联合国统计，全球近 1/4 的温室气体排放来自交通运输业，交通运输业成为全球空气和碳污染排放的最大来源之一，而这一比例仍在上升。在发展中国家和转型经济体中，70%的室外空气污染源来自交通运输业，直接导致每年 370 多万人因室外空气污染而减少寿命。联合国环境规划署执行主任英格尔·安德森(Inger Andersen)曾呼吁各国应尽早对气候变化采取行动，若将排放量具体平均分摊到每一年中，那么未来 10 年内必须实现年均 7%以上的减排，这就需要全球各个国家、各个城市、各个地区、各个企业和个人都必须即刻采取行动。

2019 年 9 月 19 日，中共中央、国务院印发的《交通强国建设纲要》指出，要推动交通发展由追求速度规模向更加注重质量效益转变，由各种交通方式相对独立发展向更加注重一体化融合发展转变，由依靠传统要素驱动向更加注重创新驱动转变，构建安全、便捷、高效、绿色、经济的现代化综合交通体系，打造一流设施、一流技术、一流管理、一流服务，建成人民满意、保障有力、世界前列的交通强国。到 2035 年，基本建成交通强国。现代化综合交通体系基本形成，人民满意度明显提高，支撑国家现代化建设能力显著增强；到 21 世纪中叶，全面建成人民满意、保障有力、世界前列的交通强国，全面服务和保障社会主义现代化强国建设，使人民享有美好交通服务(汪光焘 等,2020)。同时，该纲要着重强调清洁能源在交通领域的应用，将建成可持续、绿色环保的交通体系作为重要目标，这不仅是应对全球气候变化的积极举措，更是为子孙后代创造美好生态环境的必然选择。

1.1.2 经济方面

1970 年，美国未来学家阿尔文·托夫勒(Alvin Toffler)在其著作《未来的冲击》中前瞻性地指出，人们的消费需求正在经历一场深刻的转型，从追求“物质享受”逐步转向寻求“心理满足”。托夫勒强调，经济发展的新动力将源于那些能够满足人们心理需求的产品或服务。这一观点预示了体验经济的崛起，为后来的经济理论和商业实践提供了重要的理论基础。美国经济学家约瑟夫·派恩(Joseph Pine Ⅱ)与詹姆斯·吉尔摩(James Gilmore)敏锐地捕捉到了这一需求转变和消费方式的变化，他们提出了“体验经济”这一创新的经济形态。派恩和吉尔摩(2008)认为，体验经济的核心在于企业利用自身的服务和产品为消费者搭建场景和提供道具，围绕消费者的需求创造令人难忘的体验过程。这种体验不仅是产品的附加价值，还是产品本身的核心竞争力。

随着人们对体验的需求不断提高，经济学家们开始将研究重点转向人们生活中的行为和心理。例如，迪勒等(Diller et al.，2005)提出，有意义的用户体验应当成为企业设计的核心内容。他们主张企业需要从单纯关注产品的功能、形态和生产成本，转向关注产品的品牌化构建，最终实现与用户的情感链接，从而达到以体验为核心的意义创建(见图 1-2)。可见，对体验的研究不仅有助于深入了解消费者的消费心理、消费习惯以及消费倾向，还能够指导企业开发出引领时代潮流的产品和服务，并制定更具战略意义的商业策略。深入研究体验，有助于揭示驱动消费者作出购买决策的潜在心理动机，了解部分消费者在出行时，会根据个人的需求来选择出行方式。例如，一些商务人士十分注重出行过程中的隐私性与专属感，他们在行程中可能需要处理重要事务，往往期望有一个相对独立、安静的空间。基于这一背景，一些高端网约车平台推出了配备独立办公区域、降噪设施的专车服务，满足了这类消费者对专属体验的追求。另外，一些年轻的群体更渴望在出行时彰显自我风格。于是，部分共享单车企业推出了定制车身涂装的服务，用户可上传自己喜欢的图案或标识，将共享单车打造成独一无二的出行工具，以此满足消费者想要彰显个性的心理需求。

在市场环境日趋复杂的背景下，体验研究能够引导企业在产品和服务的提供上进行创新。以交通服务行业为例，在过去，消费者对交通服务的需求主要聚焦于从 A 点到 B 点的位移；但如今，消费者对交通体验和交通服务的要求变得更高、更多元化。通过研究消费者的体验需求可以发现，消费者不仅关注交通工具本身的性能，如飞机的飞行速度、火车的准点率，还重视旅途中的整体体验。

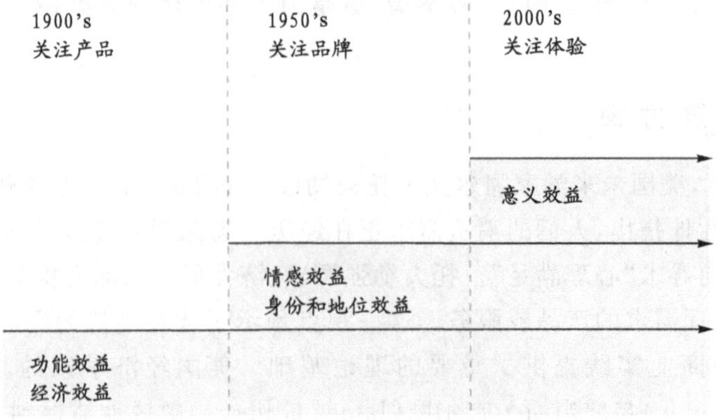

图 1-2　创新与顾客需求的革命

以高铁服务为例，如今的高铁在不断提升速度与安全性的同时，在车站增设了商务座专属候车区，提供了免费的饮品、小吃以及便捷的充电设施与高速网络；优化了座椅的设计，使其更符合人体工程学，为消费者提供更舒适的乘坐体验；甚至根据沿途地区的特色美食，在部分线路推出特色餐饮服务，为乘客提供丰富多样的餐饮选择。再看城市公交系统，一些城市的公交公司通过引入智能公交系统，让乘客能够实时查询公交车的位置与到站时间，合理安排出行计划；改善了公交车内的通风与空调系统，营造出更舒适的乘车环境；增加了移动支付功能，方便乘客快速乘车。以上这些都是体验研究驱动下的创新成果。

在商业策略方面，体验研究有助于企业在市场中更有效地定位自身。通过分析消费者的消费体验，企业能够识别出尚未被充分挖掘的市场细分领域。例如，如今环保出行的理念日益深入人心，一些消费者在寻求环保且可持续的出行体验，而新能源汽车租赁公司敏锐地捕捉到了这一趋势，他们大力推广新能源汽车租赁服务，在城市中建立了密集的充电网络，并为消费者提供详细的新能源汽车使用指南与环保出行小贴士。新能源汽车租赁公司不仅运用这种方式满足了消费者对环保出行的需求，还通过提供优质的服务，将其与传统燃油汽车租赁公司区分开来，成功吸引了特定的、具有环保意识的消费者。此外，还有一些专注于城市短途出行的电动滑板车租赁公司，针对城市中“最后一公里”出行的难题，在地铁站、公交站以及商业区等人流量密集区域放置大量电动滑板车，为那些追求便捷、高效且低碳出行的消费者提供了全新选择，精准定位了市场空白点。

在为消费者创造有意义的体验的过程中，企业能够更全面地满足消费者的即时需求。例如，一些高端酒店与专业的接送服务企业合作，为客人提供定制化的接送服务。在客人预订酒店后，接送服务企业会主动与客人沟通行程安排，根据客人的航班或车次抵达时间，提前安排车辆在指定地点等候；车辆内部布置温馨舒适，并备有瓶装水、杂志以及当地旅游指南；司机不仅驾驶技术娴熟，还具备良好的服务意识，能够热情地为客人介绍当地的风土人情。从客人踏入接送车辆的那一刻起，就为其提供从交通出行到文化探索的全方位服务，让客人在旅途中感受到无微不至的关怀。再如，在一些大型活动举办期间，交通需求会出现高峰且多样化。此时，一些交通服务平台会根据活动的特点，如音乐节、体育赛事等，专门规划接送路线，提供往返活动现场的专线巴士服务；车内还会播放与活动相关的音乐或赛事介绍，让客人在前往活动现场的途中就沉浸在活动氛围中，极大地满足了客人在特殊场景下的即时交通需求。此外，这种有意义的体验对提高消费者的长期品牌忠诚度至关重要，即当消费者在一个品牌中获得了积极且难忘的体验时，他们更有可能成为回头客，并向他人推荐该品牌。以某知名航空公司为例，该航空公司长期致力于为乘客打造卓越的飞行体验。在候机环节，机场候机区备有丰富多样的餐饮选择、舒适的休息区域以及便捷的商务办公设施；在航班服务上，乘务人员会根据乘客的特殊需求提供相应的服务，如为儿童乘客准备有趣的飞行玩具；在应急措施上，当发生航班延误等突发情况时，乘务人员能够及时、有效地与乘客沟通，并为乘客提供合理的补偿与解决方案。通过这些精心设计的服务，该航空公司与乘客建立了强大的情感联系。乘客在选择航班时，往往会优先考虑这家航空公司，不仅因为其航班的便捷性，更因为其在每一次飞行中所传递的优质服务与关怀，使其成了乘客心中高品质航空服务的象征，在竞争激烈的航空市场中脱颖而出，拥有了极高的品牌忠诚度。

总之，随着消费者的需求的转变，这种以体验为核心的设计理念正日益成为现代企业成功的关键因素，能够将体验研究有效地融入运营和发展战略的企业，将在竞争激烈的市场环境中凸显优势、蓬勃发展。

1.1.3 技术方面

历史上，技术的重大突破往往会引发社会变革，在交通方面也不例外。4 次工业革命颠覆了人类的交通生活：第一次工业革命开创了“蒸汽机时代”，人类从农耕文明迈入工业文明，蒸汽机取代了人的劳动力，成为新的动力源，交通工具由马车变成了蒸汽机车。第二次工业革命以电力的广泛应用为标志，人类全面进入了“电气化时代”，电力驱动逐渐取代蒸汽作为动力源，地铁、有轨电车开始出现，大规模的运载工具改变了人们的生活。第三次工业革命，人类进入了“信息化时代”，各类交通工具在通信技术提高的基础上各司其职，人们根据出行距离的长短以及目的需求灵活选择交通工具，小汽车在这个时代成为标志性的交通工具，甚至有人提出 20 世纪是汽车的时代。第四次工业革命，即“智能化时代”,这是利用信息化技术促进产业变革的时代。为了满足人们多样化的交通需求,越来越多的企业试图通过新的服务模式创造出更多的价值,探索基于体验的交通服务的新机会。

大数据、物联网、人工智能、无人驾驶等不断涌现的新技术给交通体验的创造提供了更多的可能性。每一项新技术的出现,都是一次降维打击的过程。因为新技术为消费者提供了更高维度的体验,使其可以迅速抛弃旧有落后的体验方式。在这样的技术背景下,如何通过产品和服务为人们塑造更优质的交通体验,成为众多企业共同探讨的问题。例如,打车软件的出现就很好地解决了乘客与出租车司机互相随机寻找对方的问题:可视化的界面、可预约的形式以及后台云端的智能匹配处理等,均极大地降低了人们打车出行中的不确定性。拼车和共享汽车的服务更是将人们对交通工具的观念从“拥有”转化为“使用”。但随之而来不同交通工具的换乘、众多出行 App 的切换又给人们带来了新的问题。由此,“出行即服务”(mobility as a service,MaaS)的概念顺势而生,它将各类软件、交通工具以及各种支付方式进行整合,提供给人们更加顺畅的交通体验。上述这些交通方式上的变化与升级都离不开技术的支持。例如,2018 年 1 月 8 日,在北美消费电子产品展览会(Consumer Electronics Show,CES)上,丰田汽车公司宣布启动全新智能出行服务联盟(e-Palette Alliance)以及一款配套智能面板的概念汽车(e-Palette Concept Vehicle)(见图 1-3)。丰田章男宣布,e-Palette 以及“相关研发联盟”的成立,标志着丰田集团的汽车业务进入新的领域范畴。相关研发联盟的主要成员还包括亚马逊、滴滴、马自达、Uber 和必胜客等。丰田章男表示,随着电动化、互联网以及自动驾驶等先进技术的发展,汽车产业目前迎来了百年一遇的巨大变革。丰田一如既往地致力于造好汽车和建立实现人们可以自由愉快出行的移动社会。e-Palette 及其相关研发联盟突破了人们对汽车的固有概念,提供给消费者自身预期以外的全新价值,是丰田为构建未来移动生活服务系统而迈出的重要一步。

图 1-3 2018 年 CES 上的 e-Palette

丰田公司通过 e-Palette 提出了一个城市交通概念：一辆车可在一天中不同的时间段适应不同需求，它不仅可以作为通勤车、货车、出租车使用，甚至还可以作为医疗车、移动商店使用。一天中不同行业对城市交通的需求量不同，如早高峰时期需要更多的公交车为上班族服务；而到了午餐时间，配送车又是人们急切需要的。利用互联网技术构建的吊舱式车辆网络，可实现一辆车的角色转化，只需要更新车上的数字显示幕即可回馈当前的使用情况，从而满足乘客、企业、物流行业的服务需求。而自动驾驶技术使得车内格局可以有更大的拓展，因此 e-Palette 也被设计用作移动的商店、客房或是医疗车。

这样的交通服务系统，可以进行自由调度，从而很好地分配了交通资源，可以在很大程度上缓解交通拥堵等问题，也是向可持续发展迈出的重要一步。

1.2 设计因素

除了上文关于社会、经济、技术 3 个因素对交通方面研究的影响外，关于“设计”在概念及哲学范畴中的研究转变，也是本研究开展的重要基础。设计的对象不再仅局限于具体的物，而是已经扩展到人们的体验、情感以及生活方式等方面（安娃，2019）。

1.2.1 设计的转向

设计学的边界与范畴随着社会的发展和人们认知水平的提高而不断扩大。设计从满足人们的个性需求到符合社会广泛需求、从单一功能到提供综合服务进行了转变。

布坎南（Buchanan，1998）提出：从原来的按照平面、产品、交互和环境这 4 类作为设计领域划分的方法，转变为以符号、对象、行为和系统这 4 个部分构建出新的设计领域，并提出“设计四法则”（见图 1-4）。设计不再只拘囿于解决产品是否好看、易用等的问题，而延伸到解决诸如服务、体验、组织、意义、生活方式等复杂的问题中。例如，服务设计是针对系统和服务而构建的设计；体验设计则是对人因事、物、环境而产生感知的体验效果进行的设计（辛向阳，2011）。体验所反映的内容，要比默认情况下的产品、服务、活动等大多数设计流程所反映的内容丰富得多。谢卓夫（Shedroff，2003）指出，设计师由于缺少针对全方位的体验而常常在设计解决方案时给自己和目标受众帮倒忙。德梅等（Desmet et al.，2012）也指出了设计学的有趣转向，即以往总是把设计当作解决问题的活动，现在需要从解决问题转向探索可能性，最终为美好的生活而设计。

在《设计 3.0 语境下产品的属性研究》（辛向阳 等，2015）中，作者对设计

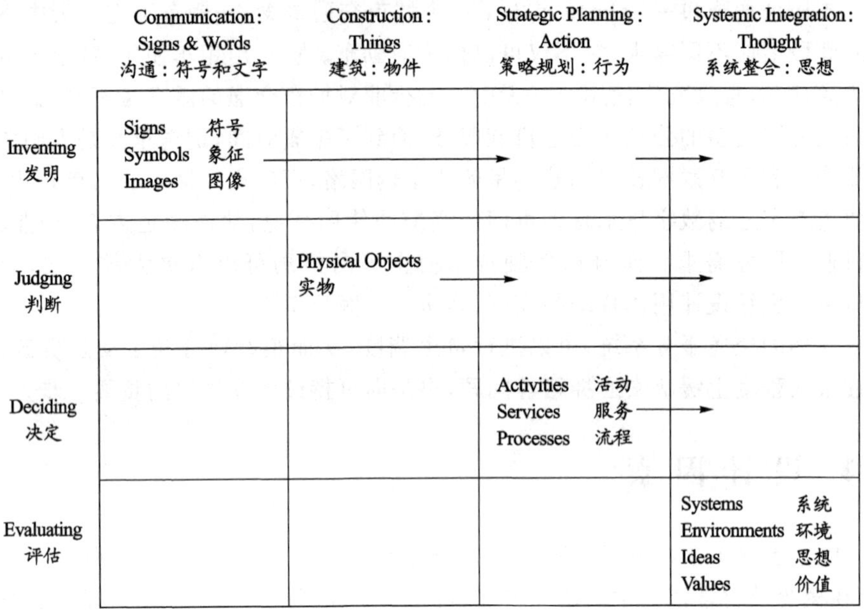

图 1-4　设计四法则

（资料来源：Buchanan，1998）

1.0、设计 2.0 和设计 3.0 进行了比较，并提出在设计 3.0 的语境下需要对设计的自然属性、体验属性和经济属性进行研究。随着产品的范畴和界限不断扩展，从物质化到非物质化、从实体到虚拟，大致经历了“设备（device）→内容（content）→平台（platform）”的发展演进。而在这三大属性中，交通服务中的体验属性评价标准部分源于承载出行的交通实体，包括交通工具、交通环境等，以及交通虚体，包括交通状况、人际关系等。而最终的交通体验是依靠系统支撑的，也就是一系列的产品和服务。

现如今，无论是工业产品还是服务体验，足够成功的产品往往都是超越了人们的已知经验，带给人们足够的刺激和惊奇，让人们牢牢记住并产生美好回忆的。有了超越以往经验的“印象”之后，需求随之诞生，继而慢慢形成市场。在交通方面的设计上，也体现了设计对象和属性变化的转变情况（见图 1-5）。自 1885 年由德国工程师卡尔·本茨（Karl Benz）设计的世界上第一辆汽车制造面世以来，汽车界在技术和外观上便不停地推陈出新。如今，造型设计仍在汽车设计中占有非常重要的位置。大众的甲壳虫汽车于 20 世纪 30 年代由费迪南德·波尔舍（Ferdinand Porsche）设计开发，该造型一经推出便获奖无数，成为经典。甲壳虫汽车现历经百年，一直试图通过造型的沿袭与人们建立情感上的联系，但究其根本，设备(device)的属性并没有多大改变。

图 1-5 交通方面设计属性的转变

随着移动互联网技术的蓬勃发展，Uber、滴滴等新兴共享交通市场快速成长，深刻地影响了传统交通服务方式。与传统交通服务相比，共享交通更强调根据个人的交通出行需要，短期购买交通工具的使用权而非所有权，实现"按需出行"。此时的交通工具体现了内容(content)属性。人们消费的是这个阶段的交通服务，而不再是交通工具本身。

丰田汽车公司基于物联网技术的高级应用，将现如今的智能交通技术、无人驾驶技术、物联网技术全部应用于 e-Palette 概念汽车之上(晓天，2018)，并提出了"移动盒子"的全新概念。e-Palette 概念汽车的车内可以根据使用者的需求搭建不同的场景，车身长度也可根据需求进行调整。e-Palette 概念汽车打造的是人们生活中的移动平台，几乎涵盖了人们的各种需求，人们可以在车内享受诸如餐饮、购物、健身、医疗等各种服务。这种概念汽车更像移动生活平台，给人们带来新的出行体验或者是生活体验。

1.2.2 设计驱动创新的核心理念：价值创新

意大利学者罗伯托·韦尔甘蒂(Roberto Verganti)在克劳斯·克里彭多夫(Klaus Krippendorff)"设计赋予事物以意义"的思想基础上提出了设计驱动型创新理论(design driven innovation，DDI)。韦尔甘蒂认为，设计驱动型创新是对"产品意义(语意)"的创新(Verganti，2008)。与传统的技术驱动型以及市场驱动型创新相比，这种创新形式需要设计人员深入挖掘用户自身的隐性需求，进而设计出产品意义(语意)上具有突破性意义的产品与服务，并成为消费者购买产品与服务的理由。虽然韦尔甘蒂通过构建学科间的对话，创造性地将产品语言引入到创新驱动理论中，赋予语言类似技术之于创新中的同等地位，但是产品意义(语意)的创新却无法涵盖所有的设计驱动创新维度。基尔等(Keeley et al.，2013)认为，创新应超出产品本身原有的含义。为了寻求产品意义(语意)之外的其他创新驱动力，卡根和沃格尔(Vogel)在原先的突破性创新产品的定位图中，增加了第三维——价值(见图 1-6)，将关注点转移到右上角的价值。价值驱动下的产品设计创新是在理解用户核心价值体系的基础上，通过设计体验以寻找创造价值的机会点，为用户设计出有用、好用、渴望拥有的产品(Cagan et al.,2004)。

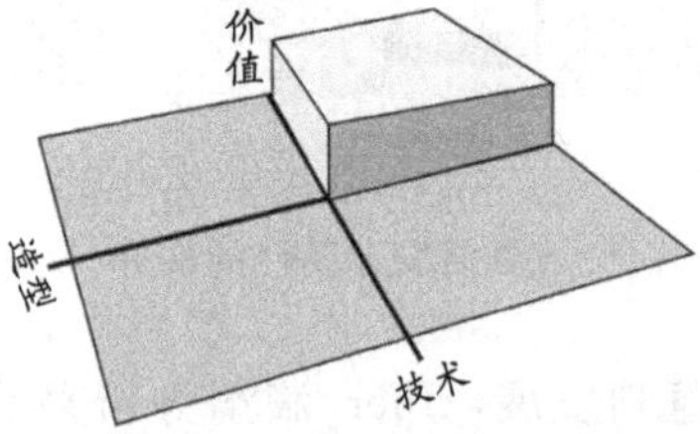

图 1-6　价值驱动下的产品设计创新定位图

清华大学美术学院原院长鲁晓波在一次演讲中说道："在当下社会，经济、科技、人口正在发生重大的结构性变革，迅猛发展的交通正广泛影响着未来城市规划、出行和居住等各个方面。"未来出行，作为智慧生活的发展趋势，对于交通工具的设计也提出了新的要求。北京汽车研究总院有限公司副院长单伟在题为"汽车 2.0 时代 ARCFOX 客户出行体验"的演讲中阐述道："很多物品的属性已经从单维度变为多维度，从单纯的使用功能向多维度的生态延展，传统交通工具的设计方法已有不足，应转向体验设计方向发展，由此北汽专门成立了体验设计部门。"当下对交通服务的设计，我们应该更加关注的是用户的使用情绪，关注大设计而不是小设计。

1.3　研究问题的提出

1.3.1　研究动机

随着人们对产品和服务的体验过程越来越重视，用户体验受到了研究人员和企业的高度重视。马克兰等(Maklan et al., 2011)指出，人们在使用产品和服务时，不再单纯寻求产品的所有权，而是寻求整个体验过程。范霍夫(Verhoef, 2009)认为，用户体验本质上是整体性的，涉及从使用过程开始到结束用户与产品及相关服务之间的所有互动时刻，反映在用户的认知、情感等各个方面。在互动过程中，用户接触到有形的实物产品元素，并与许多无形的服务、社会关系及环境方面互动，其中一些不受供货商控制。

以高铁的车内设计为例，车内的整体设计精良，但侧壁上的衣物挂钩却常常形同虚设。一些初次乘坐高铁的乘客会顺手将衣物挂在侧壁挂钩上,但他们会被乘务员以安全为由要求取下,这不仅会让乘客感到困惑和尴尬,还破坏了他们乘车的心情。笔者作为长期参与高铁内室与外观设计的人员,深知侧壁设计挂钩是中车集团对内室设计的要求之一,因此必须存在。然而,乘务员手册中却注明因担心挂钩上物品掉落导致意外砸伤乘客等原因,禁止乘客使用侧壁挂钩挂置个人物品。这种设计要求与服务安排的冲突,导致车身设计与实际服务没有得到统一,无法为乘客提供良好的体验。

如今,交通服务不仅是协助乘客从一个地点移动到另一个地点,更是乘客接触交通服务的所有时刻,以及在实际出行过程中及出行前后共同创造出行体验的手段。除了到达目的地以外,乘客还重视出行过程中车内设施的使用感受、与乘务员或其他乘客等的互动,这些都是获得积极体验的关键因素。然而,乘客关注的车内设施和交通服务等通常由车辆制造商或运输供货商分别设计,这可能会导致乘客获得不一致的出行体验。这种不协调的问题,成为推动本研究进行的重要原因。

1.3.2 研究问题

本研究将协助人们达成移动行为的物理设施、交通工具、多渠道服务与运输人员等视作交通的产品服务系统(PSS),人们在出行过程中的体验(即交通体验)作为直接研究和设计对象,以体验驱动交通服务的创新为目标,主要考虑以下 3 个研究问题。

问题一:从整体角度看,交通服务中影响人们的体验因素有哪些?

问题二:交通体验的构成要素有哪些? 要素之间的关系是什么?

问题三:如何通过对交通体验的设计来实现交通 PSS 的创新?

1.4 研究目标和意义

本研究的总体目标是通过更好地理解交通服务中的体验,探究其影响因素和构成要素,并将之整合到交通 PSS 中,从而实现创造美好交通体验的目标。

1.4.1 研究目标

目前,以用户为中心的理念越来越得到重视,用户体验在公共交通领域显得尤为重要。它依赖于产品、服务和知识等多要素的有机结合,尤其是在车辆、物理设施、交通服务以及其他无形资产的协同作用下,共同构成了一个 PSS 与用户互动,形成他们的交通体验。然而,产品和服务具有不同的性质,其组合需要深度整合各自的特性，以实现更好的用户体验。

PSS 逐渐成为用户与公司互动的媒介，尽管业界普遍认同用户体验的整体性，但不同产品和服务元素仍采用各自适用的方法，往往由不同公司独立规划、单独设计。这种分离式的设计方法导致当产品和服务的组合给用户带来不一致的体验时，负面作用便随之而来。在公共交通领域，车辆和服务的不一致性日益突出，主要涉及直接或间接提供部件或服务的众多公司，如车辆制造商、零部件供应商，以及提供服务和政策监管的交通机构或政府相关部门。

鉴于此，本研究旨在将交通服务视为一个整体的 PSS，深入探究影响交通体验的因素及其构成要素。通过将交通体验作为直接设计对象，本研究致力于构建一个交通体验设计的理论框架，以期为乘客提供更加美好的交通服务。这一框架不仅强调交通服务的功能性，更关注其体验价值，力求在满足乘客基本出行需求的同时，提升他们的出行满意度和幸福感。本研究通过整合产品和服务的特性，减少设计中的不一致性，进而使公共交通不再是单纯的位移工具，而是连接城市生活、传递人与人之间情感和承载文化的重要载体。

1.4.2 研究意义

(1) 学术意义

本研究不仅在交通领域提出了创新性的体验研究方法，还构建了交通体验的构成要素及其模型。通过跨学科的视角和方法论，本研究为体验设计领域注入了新的活力，还为其他行业的体验设计提供了重要的理论参考和实践指导，推动了相关理论的发展和创新。

(2) 实际意义

随着社会观念的转变和环保要求的日益严格，交通行业面临着前所未有的挑战。本研究以提升人们的交通体验为核心，为交通部门及相关企业提供了新的商业价值点。在人们出行需求日益多样化和个性化的背景下，本研究为交通服务的设计和优化提供了切实可行的指导建议，旨在帮助交通部门和相关企业更好地理解和满足人们的需求，从而在激烈的市场竞争中占据优势。

(3) 社会意义

本研究有助于交通部门以人们的交通体验为核心进行系统设计，通过提升服务质量，增强人们对公共交通工具的依赖性和使用频率。这不仅有助于缓解交通拥堵、环境污染等问题，还能推动绿色交通和城市的可持续发展。本研究通过设计为人们提供更加舒适、便捷和愉悦的交通体验，增强人们的幸福感和满意度，为社会的和谐发展作出贡献。

1.5 研究现状和趋势

本节首先对国内外设计学在交通领域的研究课题进行了全面搜集与对比，旨在深入了解设计学在交通问题上的研究热点与方法。通过这一过程，我们能够识别出设计学在交通领域的研究趋势和关键议题。随后，本研究从体验设计的视角切入交通领域，采用文献可视化计量软件对体验设计的研究现状和趋势进行深入分析，以便更清晰地把握该领域的研究动态和发展方向。

交通领域的问题复杂多样，主要可以归纳为交通与城市、交通与出行、交通与生态、交通与经济等方面。这些问题通常由管理学、经济学及行为学等专业领域展开研究。国内外设计学介入交通领域的相关研究如表 1-1、表 1-2 所示，这些研究不仅涵盖了交通设计的多个维度，还展示了不同地区和机构在该领域的研究特色和优势。通过这些研究，我们可以看到设计学在解决交通问题中的潜力和应用前景。

表 1-1　国内院校与交通相关的部分研究课题

院校	研究课题	年份	作者
西南交通大学	高速列车旅客界面人-椅适配性优化设计研究	2018	魏　峰
	基于感知语义的高速列车乘客车厢系统布置方法研究	2017	章　勇
	基于轮椅使用者乘车能力的高速列车旅客界面优化设计研究	2016	向泽锐
	基于乘务员特性的机车驾驶界面优化设计研究	2012	李　洋
	基于视觉感知特性的列车车内色彩环境舒适性研究	2012	支锦亦
北京交通大学	基于乘客视觉感知行为的综合客运交通枢纽分级导向标识布设方法研究	2017	林建新
	高铁客运枢纽交通流线设计理论与方法研究	2016	夏胜利
	旅客出行服务设计与可靠性评价方法研究——以铁路旅程规划为实例	2013	林冬梅
武汉理工大学	人性化城市交通发展的理论与应用研究	2007	李　俊
	香港与武汉城市道路人行导示系统比较研究	2017	季晓莉
湖南大学	汽车造型情感设计的要素与方法	2017	周文治
	基于社会化媒体的共生交互及汽车社交设计	2015	甘　为
	汽车造型的设计意图和认知解释	2013	赵丹华
	超以象外　虚实相生——汽车人机交互软硬界面整合设计	2016	曾庆抒

表 1-1(续)

院校	研究课题	年份	作者
中央美术学院	信息可视化设计与公共行为研究	2014	胡小妹
	当代中国轨道交通空间设计方法新趋势的研究——公共文化服务系统视野下的城市轨道交通公共空间文化规划与设计实践	2019	崔冬晖
天津大学	基于价值共创视角的综合交通枢纽服务设计研究	2014	袁 婷
南京艺术学院	民国中期公共交通工具及设施设计研究	2017	邱 珂

表 1-2 国外院校与交通相关的部分研究课题

院校	研究课题	年份	作者
Northwestern University	User-driven demand adaptive transit: enhancing the user experience through flexible transit for low-density communities	2015	Frei
Capella University	A study of Generation X's and Y's perception of the customer experience when purchasing airline travel	2012	Richardson
Queensland University of Technology	Influencing public transport passenger experiences via mobile social services	2016	Ti
Rutgers University-New Brunswick	Capturing and analyzing human driving behavior to improve road travel experience	2017	Liu
University of Hawaii at Manoa	Urban spine: a pedestrian-oriented multi-modal transportation infrastructure for improving health and well-being in the urban environment	2017	Au

从国内设计介入交通领域的研究来看,各大院校依托自己的专业领域与行业优势对于交通的设计多集中在工具(device)属性的研究范畴,强调交通中某一实体设施的体验研究;国外设计介入交通领域的研究则多以人为中心视角,探讨交通活动内的乘客体验。

1.5.1 文献数据来源和研究方法

本节对“体验设计”和“用户体验”两个主题词的相关文献进行了深入分析。为了确保研究的全面性、客观性和完整性，综合运用了 CiteSpace 和 VOSviewer 两款文献可视化分析软件。这些软件能够帮助识别研究领域的关键文献、研究团队、合作网络关系等多种信息，从而呈现科研领域内的研究全貌、研究热点和核心文献。

在数据来源方面，国外关于“体验设计”和“用户体验”研究的数据源于美国科学情报研究所的 Web of Science(WOS)数据库的核心合集。为了保证相应研究领域内文献的可信度，笔者通过反复的比对与分析后去除了与研究方向无关的检索式，将文献类型设置为期刊论文和综述论文，文献语言设置为英文，检索关系设置为“或”(or)关系。国内关于“体验设计”和“用户体验”研究的数据源于中国知网(CNKI)期刊库，笔者以“体验设计”或“用户体验”为检索词，收集的文献来源主要有中文社会科学引文索引(CSSCI)、中国科学引文数据库(CSCD)和北大核心期刊。通过人工筛选去除如新闻、会议通知等无关文献后，最终获得国外相关文献 375 篇、国内相关文献 665 篇，见表 1-3。

表 1-3 国内外相关研究文献量表

范围	检索关键词	关系	时间跨度	检索日期	文献量
国外	experience design、user experience design	or	2000—2020	2021.03.25	375
国内	体验设计、用户体验	或	2000—2020	2021.04.16	665

VOSviewer 和 CiteSpace 这两款软件都是基于文献计量方法而开发。在获取到原始文献数据之后，笔者整合两款软件的各自优势，进行科学知识图谱的绘制，探索国外“体验设计”“用户体验”主题相关研究的高引文献、关键词突变、热点前沿以及研究趋势。

具体操作步骤为：

① 从 WOS 下载文献原始数据并加载软件进行运算。

② 在 CiteSpace 里，设置时间切片为 1，并分成 20 个时段，阈值设定为前 30，选择最小数生成算法，绘制生成“关键词共现”“共被引文献”“突变词列表”“时区视图”。

③ 在 VOSviewer 里，分析文献元数据标语和摘要中的关键词，将阈值设置为 10，选定与研究领域关系最密切的前 10%，经过人工筛选去除与主题无关的词汇后，绘制“标签视图”和“聚类密度视图”。

④ 使用 CiteSpace 并结合定量和定性方法对样本文献进行可视化分析。根据时间和频次生成国内外“体验设计”“用户体验”主题相关研究的核心作者、主要研究机构及其合作关系图。

⑤ 根据样本文献的标题、摘要和关键词，绘制“体验设计”“用户体验”主题相关研究的“关键词聚类图谱”。

⑥ 结合 CiteSpace 的突变词时间线检测功能和分析功能，深度挖掘并分析国内外“体验设计”“用户体验”主题相关的研究热点和主要发展趋势。

1.5.2 研究现状分析

本研究以国外 375 篇文献样本和国内 665 篇样本文献为研究对象，统计了 2000—2020 年国内外“体验设计”“用户体验”主题相关文献数量分布，如图 1-7 所示。

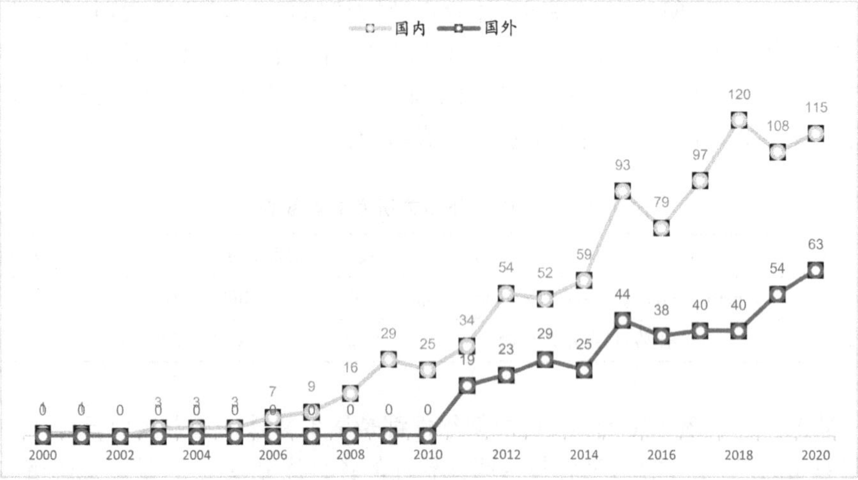

图 1-7 2000—2020 年国内外“体验设计”“用户体验”主题相关文献数量分布

2011 年以后是“体验设计”“用户体验”主题相关研究领域的增长期，相关发文量呈不断上升趋势，可见国内外这一方向的研究在不断加深。高被引文献可以反映出某个领域的研究前沿和水平，是探寻研究脉络和研究方向的重要依据。

本研究对国外 2000—2020 年“体验设计”“用户体验”主题相关研究的 375 篇核心文献进行被引聚类(co-citation cluster)分析，形成“体验设计”“用户体验”主题相关研究的共被引网络。表 1-4 和表 1-5 是前 10 篇高引用强度文献的信息，主要来自设计学、心理学、经济学、社会学等学科领域，涉及信息科技、商业、心理学教育等主题。

表 1-4 2000—2020 年国外"体验设计""用户体验"主题相关高频次引用文献

序号	文献题目	被引频次	年份	作者
1	What will 5G be?	4 474	2014	Andrews et al.
2	Next generation 5G wireless networks: a comprehensive survey	1 181	2016	Agiwal et al.
3	Transdisciplinary research in sustainability science: practice, principles, and challenges	1 006	2012	Lang et al.
4	A survey on Internet of things: architecture, enabling technologies, security and privacy, and applications	833	2017	Lin et al.
5	Misinformation and its correction: continued influence and successful debiasing	810	2012	Lewandowsky et al.
6	Measuring emotions in students' learning and performance: the achievement emotions questionnaire (AEQ)	667	2011	Pekrun et al.
7	Current status, opportunities and challenges of augmented reality in education	663	2013	Wu et al.
8	Service research priorities in a rapidly changing context	644	2015	Ostrom et al.
9	Gamification in theory and action: a survey	626	2015	Seaborn et al.
10	Gamifying learning experiences: practical implications and outcomes	626	2013	Domínguez et al.

表 1-5 2000—2020 年国外"体验设计""用户体验"主题相关研究高被引作者

序号	作者	记录数	占所选文献的比例
1	Kandampully J	4	1.067
2	Zhang T T	4	1.067
3	Buhalis D	3	0.800
4	Chen M	3	0.800
5	Fortino G	3	0.800
6	Jaakkola E	3	0.800
7	Kato N	3	0.800
8	Lee S	3	0.800
9	Liu J J	3	0.800
10	Shen X M	3	0.800

从表 1-5 中可以看出各位研究者的文献数量与占比。图 1-8 是国内外“体验设计”“用户体验”主题相关研究高被引作者网络关系图，该图利用可视化方式呈现了各个作者之间的合作关系。每一根连线代表两位作者进行了至少两次的合作，线条越粗代表合作次数越多。其中坎达姆普利(Kandampully)主要在用户体验方面进行深入研究，专注于酒店管理方面。坎达姆普利等(2018)合作的 *Customer Experience Management in Hospitality: A Literature Synthesis, New Understanding and Research Agenda* 是对酒店领域客户体验管理(CEM)的学术研究。布哈里斯等(Buhalis et al., 2015)的 *SoCoMo Marketing for Travel and Tourism: Empowering Co-creation of Value* 将在线、线下的营销，c 媒体和个性化以及移动设备的不同概念联系起来，将社交环境移动(SoCoMo)营销作为一个新的框架，使营销人员能够为目标所有利益相关者增加价值。贾科拉等(Jaakkola et al., 2015)的 *Service Experience Co-creation: Conceptualization, Implications, and Future Research Directions* 是对服务体验的深入研究，而其他几位作者同样在不同学科领域对“体验设计”“用户体验”相关主题进行了深入研究。

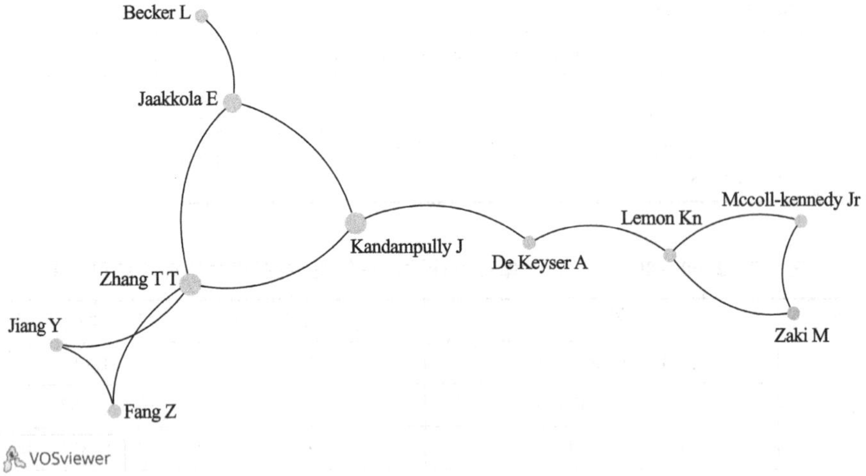

图 1-8 国内外“体验设计”“用户体验”主题相关研究高被引作者网络关系图

国内“体验设计”“用户体验”主题相关前 15 名高被引文献统计见表 1-6，其中被引量最高的文章是邓胜利于 2008 年撰写的《国外用户体验研究进展》。该文主要对国外信息服务中的用户体验进行探索，进一步强调了国内信息服务发展对于建立以用户体验为发展方向的体验理论体系的必要性。可以看出，“体验设计”“用户体验”主题相关的研究和信息服务结合得越来越紧密。同样涉及信息科技的还有《面向用户体验的手持移动设备软件界面设计》(罗仕鉴 等,2010)、《云计算改善数字图书馆用户体验初探》(周舒 等,2009)、《手持移动设备中以用户为中心的服务设计》(周煜啸 等,2012)、《谈电子商务 O2O 模式面临的机遇与挑战》(池莲,2014)、《国内电子商务网站推荐系统信息服务质量比较研究——以淘宝、京东、亚马逊为例》(洪亮 等,2016)。国内“体验设计”“用户体验”的研究方向还涉及教育教学,如《面向用户体验的微课设计框架构建与应用》(蒋立兵 等,2017)、《虚拟现实教育应用:追求身心一体的教育——从北京师范大学“智慧学习与 VR 教育应用学术周”说起》(张志祯,2016)、《从体验性游戏学习模型的视角看教育数字游戏设计》(万力勇 等,2006)、《面向信息化学习方式的电子教材设计与开发》(黄荣怀 等,2012)。“体验设计”“用户体验”也涉及了旅游体验,如《旅游体验——旅游规划的新视角》(李经龙 等,2005)。而完全专注于“体验设计”“用户体验”的研究并做出深刻阐述的有辛向阳于 2019 年撰写的《从用户体验到体验设计》,该文章深度探讨了体验的本质并提出体验属性模型,围绕将体验作为设计对象的学术观点,建立了体验设计的定位体系,解析了体验设计的范式转变。

表 1-6 国内“体验设计”“用户体验”主题相关前 15 名高被引文献

序号	文献题名	被引频次	年份	作者
1	国外用户体验研究进展	227	2008	邓胜利
2	面向用户体验的手持移动设备软件界面设计	222	2010	罗仕鉴,龚蓉蓉,朱上上
3	用户研究和用户体验设计	218	2006	欧阳波,贺赟
4	从用户体验到体验设计	185	2019	辛向阳
5	云计算改善数字图书馆用户体验初探	161	2009	周舒,张岚岚
6	用户体验设计要素及其在产品设计中的应用	156	2011	陈为
7	从交互设计的视角探索人与产品的情感交流	145	2008	李静,李世国
8	交互系统设计——产品设计的新视角	124	2007	李世国
9	基于用户体验体系的产品设计研究	112	2008	牟峰,褚俊洁
10	手持移动设备中以用户为中心的服务设计	109	2012	周煜啸,罗仕鉴,朱上上
11	谈电子商务 O2O 模式面临的机遇与挑战	98	2014	池莲
12	国内电子商务网站推荐系统信息服务质量比较研究——以淘宝、京东、亚马逊为例	94	2016	洪亮,任秋圜,梁树贤

表 1-6(续)

序号	文献题名	被引频次	年份	作者
13	体验经济下的交互式体验设计	90	2007	覃京燕,陶晋,房巍
14	体验设计研究:问题情境、学科逻辑与理论动向	87	2018	胡飞,姜明宇
15	面向用户体验的微课设计框架构建与应用	85	2017	蒋立兵,万力勇,陈佑清

资料来源:CNKI 文献样本,笔者绘制,2021。

1.5.3 研究趋势分析

关键词是文章研究内容与范畴的高度概括和精炼,可以通过对关键词出现频率高低情况的分析得出一个研究领域的热点问题。笔者利用 VOSviewer 软件在目标文献中探索共引关键词来确定“体验设计”“用户体验”主题相关研究的热点领域。将 WOS 中所收录的 2000—2020 年间“体验设计”“用户体验”的相关研究文献输入到 VOSviewer 中,将节点设定为共引关键词,采用二进制计数法,将热词出现最小值设定为 6,共有 83 个共引关键词符合阈值,经过人工筛选剔除年、文章、背景等无关词后,共选中 76 个共引关键词,生成研究热点聚类图谱。

通过对国内外“体验设计”“用户体验”主题相关研究中的共引关键词分别进行频率检测之后,按照频数降频排序,笔者得出了国内外“体验设计”“用户体验”高频和高联系的共引关键词表。从表 1-7 中可以看出国外在“体验设计”“用户体验”主题相关研究的共引关键词包括 experience(体验)、satisfaction(满足感)、trust(信任)、innovation(创新)、technology(科技)、sharing economy(共享经济)等,从这些热词中可以看出“体验设计”“用户体验”主题相关研究在个体行为的服务上不断加深,随着时代与科技的发展与进步,共享经济也因此得到了长足的发展。国内“体验设计”“用户体验”主题相关研究的共引关键词包括“交互设计”“体验设计”“用户体验”“体验经济”“情感体验”“人工智能”“大数据”等,这些都与国外有很多相似之处,这也反映出“体验设计”“用户体验”主题相关研究是受到世界范围内学者深入关注的。

表 1-7 国内外“体验设计”“用户体验”高频共引关键词

序号	国外共引关键词	频数	国内共引关键词	频数
1	model(模型)	79	用户体验	242
2	impact(影响)	75	体验设计	69

表 1-7(续)

序号	国外共引关键词	频数	国内共引关键词	频数
3	design(设计)	65	交互设计	56
4	experience(体验)	59	产品设计	56
5	satisfaction(满足感)	56	体验	33
6	trust(信任)	50	服务设计	31
7	performance(性能)	47	工业设计	24
8	user experience(用户体验)	44	情感体验	22
9	innovation(创新)	41	体验经济	20
10	technology(科技)	41	人工智能	17
11	behavior(行为)	39	设计方法	14
12	management(管理)	36	情感化设计	13
13	sharing economy(共享经济)	35	人机交互	11
14	co-creation(共同创造)	34	可用性	11
15	perceptions(认知)	34	大数据	11

在对 VOSviewer 生成的 2000—2020 年“体验设计”“用户体验”主题相关共引关键词密度视图进行分析后，可以看到“体验设计”“用户体验”主题相关研究重点主要集中在 experience(体验)、model(模型)、impact(影响)、design(设计)、satisfaction(满足感)等方面，而这些高度密集的关键词周围所提炼的 management(管理)、technology(科技)、behavior(行为)、service quality(服务质量)、information-technology(信息科技)等关键词同样是“体验设计”“用户体验”主题相关研究深入的体现(见图 1-9)。

根据 VOSviewer 绘制的国外“体验设计”“用户体验”共引关键词年度发展视图来看，作为核心的 design(设计)、experience(体验)、model(模型)和 impact(影响)主要出现在 2016 年和 2017 年前后。“体验设计”“用户体验”主题相关研究最新的关键热词主要包括共享经济(sharing economy)、旅游(tourism)、大数据(big data)等(见图 1-10)。

国内“体验设计”“用户体验”研究突变词时间线视图中包含突变词、突变起始和终止时间和突变强度(见图 1-11)。通过跟踪突变词笔者发现，“体验设计”“用户体验”主题相关研究最早的研究热点在以文化旅游为主的“体验经济”方面。“体验经济”也是在“体验设计”“用户体验”主题相关研究中突变持

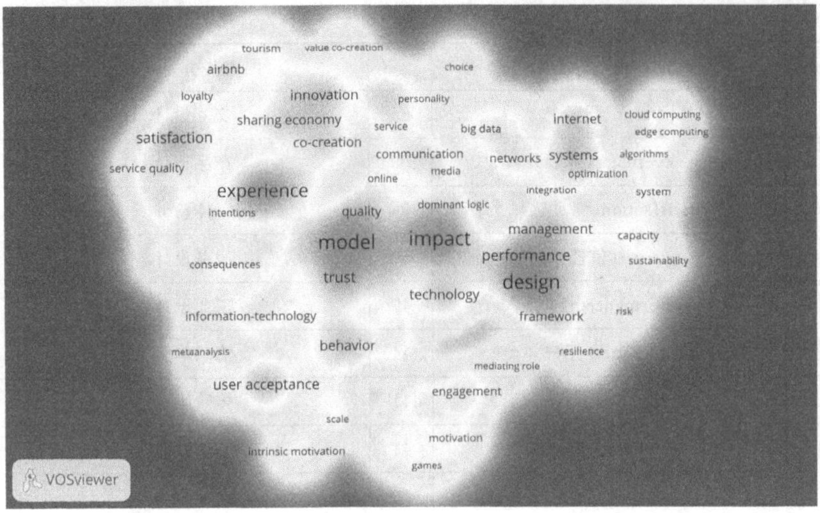

图 1-9　国外"体验设计""用户体验"共引关键词密度视图

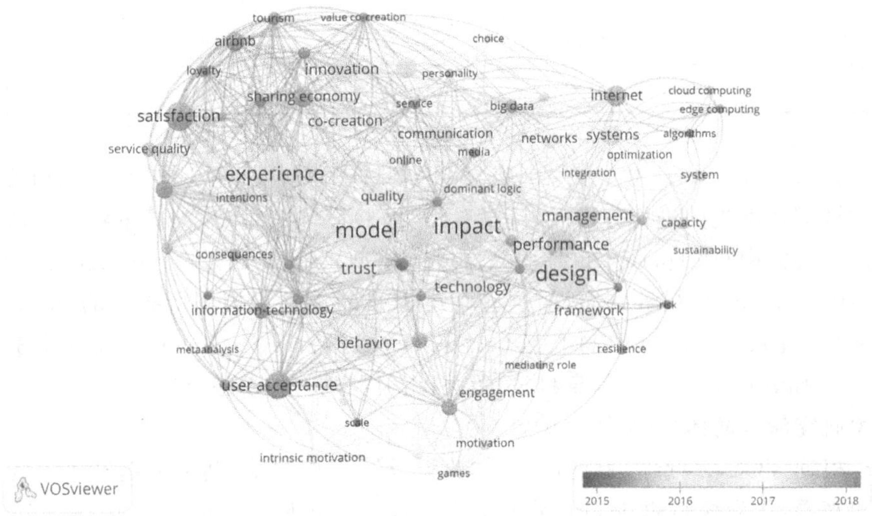

图 1-10　国外"体验设计""用户体验"共引关键词年度发展视图

续时间较长的突变词，其他突变持续时间较长的词分别是"用户体验"和"旅游体验"。因此，在相当长的时间内"用户体验"和"旅游体验"是国内"体验设计""用户体验"主题相关研究的热点内容。同样在较早时期出现的热词还有"Google 心理模型""WEB 2.0""个性化""交互设计"等，可见国内在该领域研究的方向是多方面的，而且与互联网科技、服务业经济等紧密结合，取得了长足发展。2011 年之后，“体验设计”“用户体验”相关的热词出现得更加频繁，在虚拟现实技术、互联网金融、交互产品、情感体验、人机交互、车辆交互、文创产品、旅游经济等方面都取得了新的发展，“体验设计”“用户体验”主题相关的研究范围不断扩大。

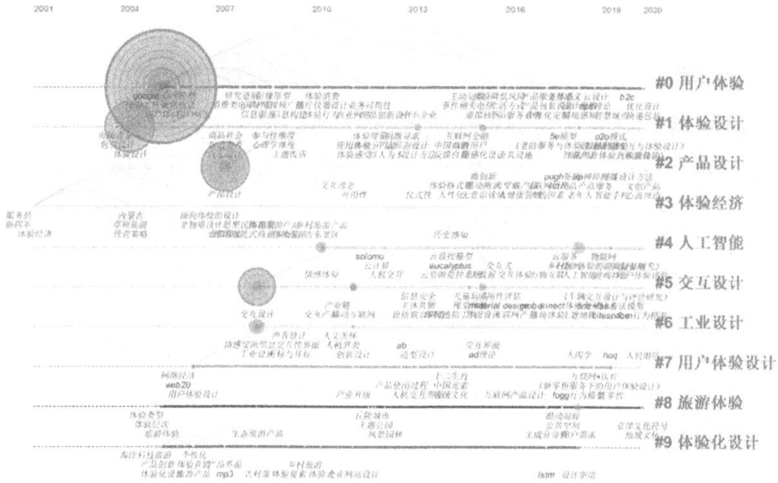

图 1-11 国内“体验设计”“用户体验”研究突变词时间线视图

1.5.4 研究现状与趋势总结

根据 VOSviewer 和 CiteSpace 两款软件对国外“体验设计”和“用户体验”主题相关研究的知识图谱分析，可以得出以下结论。

第一，关于体验的研究领域主要集中在经济学、管理学和设计学等学科。在这些领域中，美国、英国、中国等国家成了研究的中心。这可能与这些国家在相关领域的研究资源、学术传统以及市场需求有关。第二，体验设计作为研究热点的时间虽不长，但其研究热度呈现逐年上升的趋势。特别是在 2011—2015 年间，相关领域的发文量激增，标志着该主题进入了研究的突变期。这一现象表明，体验设计在学术界和实践领域都受到了越来越多的关注。第三，研究前沿的演进路径显示，体验设计的研究逐渐从宏观到微观、从整体到局部、从群体到个体转变。这些转变反映了研究者对体验设计的理解日益深入，开始关注更具体、更细致的层面。第四，体验设计研究的关键词主要有体验（experience）、模型（model）、影响（impact）、设计（design）和满足感（satisfaction）等，这些关键词体现了体验设计研究的核心内容和关注点。

然而，目前“体验设计”和“用户体验”主题相关的研究在跨领域、跨学科研究方面还相对不足。这种不足可能限制体验设计在不同领域之间的知识整合和应用,也提示未来的研究可以更多地关注跨领域、跨学科的合作与交流,以推动体验设计研究的进一步发展。

1.6 研究方法和创新点

1.6.1 研究方法

体验的多样性和不确定性是其核心特征之一,这种特性源于个人因素和外界因素的双重影响。正如辛向阳等(2018)所指出的,体验在不同情境中的动机、决策、感受和认知都受到内外部因素的交互作用。这种复杂性使得体验研究无法通过简单的计算得出答案。行为经济学家理查德·泰勒(Richard Thaler)指出,人的经济行为并非总是理性的,而是受到心理因素的影响。泰勒通过将心理学与经济学研究相结合,关注日常生活中的真实案例,从人们的行为和情感中探究消费规律,为后续的相关研究提供了重要的启示,最终因其开创性贡献获得了2017年诺贝尔经济学奖(安娃,2019)。

对于交通服务中的体验设计研究,我们应借鉴泰勒的研究方法,将关注点集中在出行本身以及人们在各种出行情境中的行为和体验上。这种研究路径不仅能够揭示交通体验的本质,还能深入探讨其影响因素和构成要素。因此,本研究以定性研究为主导,同时辅以定量研究,采用混合方法确保研究的准确性和可信度。在定性研究中,我们通过访谈和观察等方法深入理解用户的主观体验;在定量研究中,我们通过问卷调查等方法收集数据,以验证定性研究的发现。

本研究的核心研究过程集中在本书的第2章到第5章。图1-12展示了本研究的研究问题及方法。第2章采用了文献研究法对体验设计研究相关的概念、现状和核心理论进行了全面梳理,为后续研究奠定了理论基础;第3章通过问卷和访谈等定性研究方法,深入探究交通体验的影响因素,揭示了人们在不同情境下的行为和感受;第4章采用卡片分类法提炼交通体验的构成要素,并通过访谈研究的内容梳理交通体验的构成模式,为理论模型的构建提供了实证支持;第5章则通过工作坊的对比实验及典型案例研究法,对理论模型进行了验证,确保其在实际应用中的可行性和有效性。

通过这种系统的研究设计,本研究不仅揭示了交通体验的复杂性,还为交通服务设计提供了理论支持和实践指导。这种结合定性和定量研究的方法,不仅能够捕捉用户的主观体验,还能通过数据验证其普遍性和可靠性,为交通体验设计的未来发展提供了坚实的科学基础。

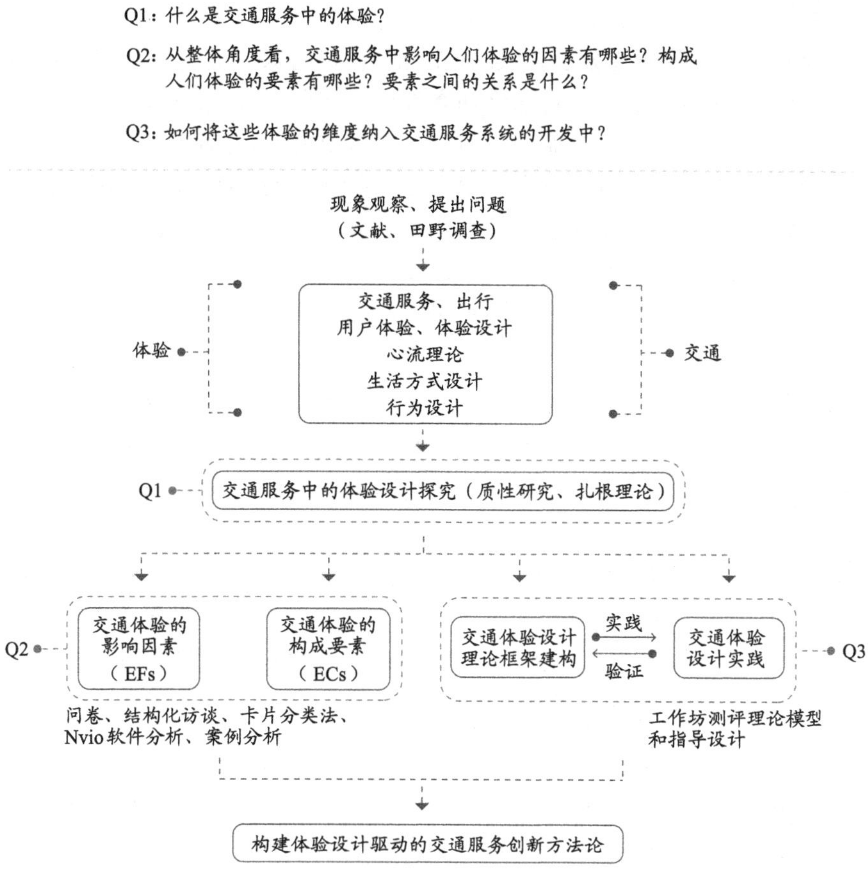

图 1-12　本研究的研究问题及方法

1.6.1.1　文献研究法

文献研究法是所有研究的基础和起点，它建立在对相关理论和知识全面掌握的基础上，是一种系统的科学研究方法。在本书的第 2 章中，笔者运用文献研究法对现有文献进行了全面的查阅、浏览和鉴别，从众多文献中提取出前人研究的精髓，并找出目前相关领域研究的欠缺。这种方法不仅帮助笔者将自己的研究内容和方向与现有知识体系相匹配，而且为后续研究问题与假设的提出奠定了坚实的基础。随着社会、经济和科技的不断进步，交通需求与社会解决方案供给之间的矛盾日益突出，交通服务质量满意度和体验问题已成为交通学界面临的复杂挑战。如何从设计学的视角出发，调整并解决这些问题，成为本研究的核心议题之一。

1.6.1.2 访谈法

访谈法作为一种研究方法，通过研究者与访谈对象之间的“对话”来探索特定问题，具有探索性、灵活性、可靠性和有效性等优点，是社会学和设计学等学科常用的定性研究方法之一(孙晓娥，2012)。在访谈前，研究者需要精心设计结构化的访谈大纲和框架，以确保获取访谈对象对特定问题的看法和见解。访谈法主要分为结构式访谈、半结构式访谈和无结构式访谈。由于本研究主要涉及定性研究，因此更适合采用半结构式访谈。在访谈过程中，研究者可以根据实际情况灵活调整问题的顺序和重点，从而更深入地挖掘访谈对象的观点和感受。

1.6.1.3 案例研究法

案例研究法是构建理论的有效方法，广泛应用于社会学、管理学、心理学及设计学等人文社科领域。定性的案例研究特别适合处理那些难以明确定义的问题，如隐含在过程之中难以观察的问题以及挑战现有理论逻辑的问题。与规范的理论研究和大样本的实证研究相比，案例研究法能够帮助研究者有效发现并提出问题，确定新观点，并提高对真实世界动态情景的全面了解，便于归纳思考过程，从而有助于学科研究理论的拓展与构建。笔者通过实地走访和网络等渠道，筛选了 20 多个与研究相匹配的案例材料，这些材料为解释和说明交通体验的影响因素及构成要素提供了有力的支撑。

1.6.1.4 质化研究

质化研究，也被称为“质性研究”，是一种探索性的研究方法，它以研究者本人为主要研究工具，在自然情境下探究社会现象。研究者需要敏锐而客观地捕捉与研究与对象相关的一切信息，同时不干扰或操控研究情境。通常，研究者利用观察和访谈等方法收集数据，然后通过归纳法分析数据，挖掘社会现象背后的原因和意义，从而形成相关理论。与量化研究不同，质化研究主要通过文字来描述现象，并在现象分析过程中逐步形成理论假设(杨冉冉，2016)。在本研究中，对于交通体验的概念及其影响因素的探究主要采用了质化研究的方法，这在本书第 3 章中得到了充分体现。

1.6.2 创新点

传统的交通服务设计大多以内容或任务目标为导向，主要关注车辆或工具的功能提供和任务实现。例如，传统的交通服务设计往往侧重于帮助人们实现从 A 点到 B 点的物理位移，强调时效性和多种交通方式之间转换的便利性。然而，这种设计方法相对单调，忽视了人们在交通过程中的情感体验，缺乏对个体需求的深入理解和人文关怀。

基于体验的交通服务设计是一种创新的设计理念，它将个体在接受交通服务过程中的情感体验作为直接的设计对象。与传统的交通服务设计方法相比，以情感为导向的交通服务设计并没有停留在功能层面关注功能的实现，而是更加关注个体的内在动机和情绪的变化，强调交通服务各个环节对人们情感体验的影响。交通服务不仅是工具性的，它还承载着人们的情感和心理需求。通过优化服务流程、提升互动质量、营造舒适的环境等手段，以情感为导向的设计能够激发人们的积极情绪，减少焦虑和不适，从而提升整体满意度。

基于体验的交通服务设计具有显著的优势。一方面，对于交通方式本身而言，这种设计能够提高其在同类产品中的核心竞争力。通过为用户提供独特的体验，交通服务能够吸引更多的用户，增强用户黏性，从而在激烈的市场竞争中脱颖而出。另一方面，对于用户而言，良好的交通服务能够让其产生心流体验，使其在这一过程中获得更多的愉悦感和满足感。心流体验是一种高度专注和享受的状态，能够提升用户的生活质量，使交通不再是一个负担，而是一种积极的体验。

综上所述，基于体验的交通服务设计不仅能够提升交通服务的竞争力，还能够为用户带来更丰富、更愉悦的体验。这种设计理念必将在未来交通服务的发展中发挥越来越重要的作用，引领交通服务向更加人性化、情感化的方向发展。

1.7 研究框架

本研究的主旨是通过设计思维，研究交通服务中的体验，进而得出交通体验的影响因素和构成要素。研究的框架也以此为目标而展开设计。图 1-13 展示了本研究的基本框架内容。

第 1 章是绪论。本章综合介绍了本研究的背景、现状、问题和方法。研究背景主要从社会、经济、技术和设计 4 个方面进行阐述，解释了将交通体验作为设计研究对象的原因。从社会方面看，随着城市化进程的加快，人们对交通的依赖性日益增强，交通体验直接影响人们的生活质量；从经济方面看，交通产业作为经济发展的动脉，其服务质量和效率对经济活动产生重要影响；从技术方面看，随着科技的飞速发展，新技术为提升交通体验提供了可能性；从设计方面看，传统交通设计多注重功能和效率，而现代设计更强调用户体验和情感共鸣。

第 2 章是相关概念与理论。首先，本章阐述了社会学、经济学和美学领域对交通的定义及相关研究，从多学科视角为交通体验的研究提供了理论支撑。其次，本章从产品服务系统出发，提出将交通服务视为一个整体的系统，以交通体验为框架和直接设计对象，驱动交通服务创新。最后，通过综述与体验相关的研

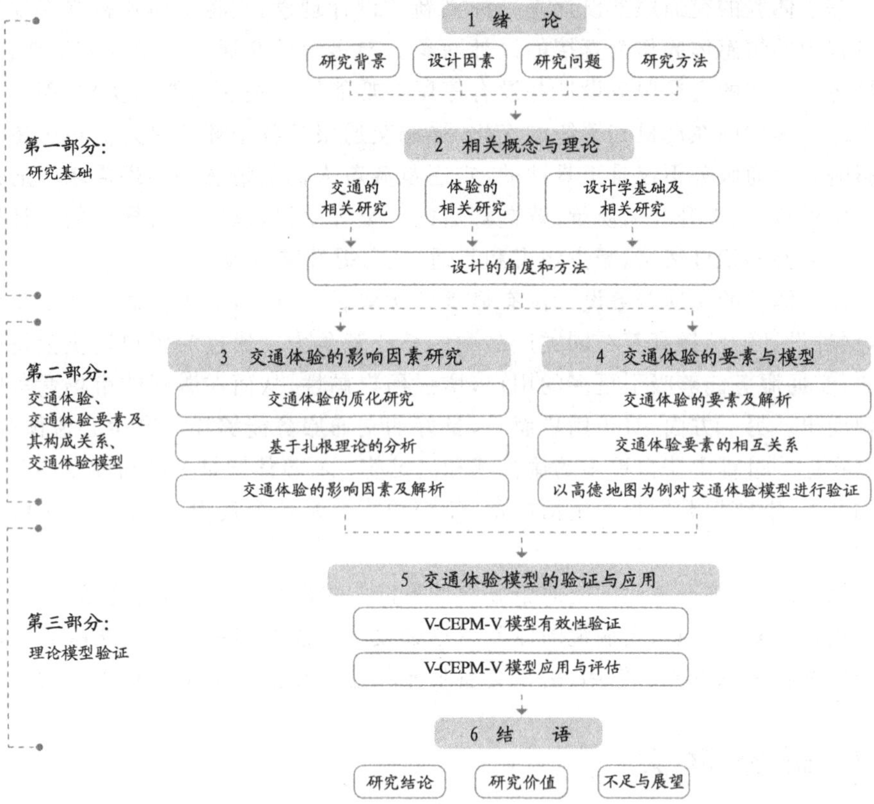

图 1-13 本研究的基本框架内容

究，本章介绍了已有的学术成果和研究观点，以及与本研究相关的设计学理论方法，为后续研究奠定了理论基础。

第 3 章是交通体验的影响因素研究。本章通过质化研究方法，对访谈得出的关于交通体验的问卷进行分析。首先，本章运用扎根理论整理问卷数据，经过开放式编码、主轴编码、选择性编码，提炼出 34 个交通体验影响因素的子范畴及 6 个主范畴，并探讨主范畴间的关系。其次，本章通过理论饱和度检验，确保编码体系的完整性和稳定性。最后，本章解释了影响因素间的关系，并结合具体案例进行说明与验证，使研究更具说服力。

第 4 章是交通体验的要素与模型。本章在第 3 章的基础上，通过卡片分类法对交通体验因素进行 3 次分类，最终提炼出交通体验的要素与模型，详细说明各要素的内涵及相互关系，并阐释模型的运行机理。本章最后以高德地图为例，具体解释交通体验模型在实际生活中的应用，使抽象的理论模型更具实践指导意义。

第 5 章是交通体验模型的验证与应用。本章在第 4 章研究的基础上，通过工作坊形式对交通体验模型进行设计指导与应用。通过作品解读可以发现，V-CEPM-V 模型工具在交通服务创新与开发上具有独特性和创新性，为交通服务设计提供了新的思路和方法。此外，本章通过运用 V-CEPM-V 模型进行徐州地铁的设计实践，证明其在实际项目中的可行性和有效性。

第 6 章是结语。首先，本章概述了全书的研究过程、研究方法、研究得出的核心观点以及研究成果。其次，本章总结了本书的研究价值，强调其在理论和实践层面的贡献。最后，本章阐述了当前研究的不足以及对未来研究的展望，以期为后续研究提供方向和启示。

2　相关概念与理论

本章内容按两条线索开展：一条线索是对交通本体概念的多学科角度溯源研究，以深入了解交通的含义以及各学科对交通的阐述；另一条是对相关理论的探究，如产品服务系统（PSS）、用户体验、设计探究及设计叙事等理论的发展现状以及它们与交通的关联性的概括。

2.1　交通的相关研究

有关交通的定义问题，学界已经进行了很长时间的探索，但是并没有达成一致的意见。多数文献中涉及的交通概念，仍然遵从《辞海》中的定义：各种运输和邮电通信的总称，即人和物的转运输送和信息的传递播送。狭义的交通指运输（陈至立，2022）。

2.1.1　对“交通”的词源考察

从词源上对“交通”一词进行考察，可以从“交”“通”“交通”3 个词着手。而且在时间上，“交通”一词的出现，要晚于“交”“通”两词。

“交”在古代文献中主要用于表述“接触”“贯通”等含义。例如，在《周易・泰卦》中，有“天地交而万物通”的彖辞（王弼 等，2013）；在《楚辞・九歌》中也有“交不忠兮怨长，期不信兮告余以不闲”的表述。它们都表达了“接触”“贯通”“往来”“结交”等含义，这些用法在近代被引申为“交叉”“交往”“通达”“相连”等含义。

“通”在古时候则有由此达彼过程中无障碍之意，如《国语・晋语二》所讲“道远难通，望大难走”；“通”还有人们往来交好之意，如《汉书・季布栾布田叔传第七》所讲“吾闻曹丘生非长者，勿与通”。这些含义在近代被引申为“没有堵塞”“有路可达”“传达”等含义。

“交通”一词虽然出现较晚，在古代也曾被使用，并能够承担两种含义，即“互相通达”以及“交往、勾结”。《管子・度地》上讲“山川涸落，天气下，地气上，万物交通”，以及《礼记・乐记》中讲“若此，则周道四达，礼乐交通。则夫武之迟久，不亦宜乎”，使用的是第一种含义；而《史记・魏其武安侯列传第四十七》中讲“诸所与交通，无非豪桀大猾”，以及《庄子・田子方》中说“至阴肃肃，至阳赫赫；肃肃出乎天，赫赫发乎地；两者交通成和而物生焉”，则使用的是第二种含义。

在英文中也有两个单词经常被翻译为“交通”，即 communication 和 traffic，在翻译中有时也根据上下文而把它们译为“运输”或者“往来”，“交往”或者“交易”。有观点认为，前者侧重于表达主体间的信息、意见或物品的交换或者变换，而后者侧重于表达人或者物体在物理空间中的位移。

2.1.2 “交通”概念的社会学考察

从社会学的视角对交通进行系统性考察，催生了以“交通社会学”命名的新兴学科。这一学科将交通视为理解社会结构的棱镜，其理论根源可追溯至德国社会学家格奥尔格·齐美尔（Georg Simmel）对空间互动的研究，以及亨利·列菲弗尔（Henri Lefebvre）提出的“空间生产”理论。国外学者约翰·厄里（John Urry）构建了以“三交元素”为核心的研究范式——交通行为（mobility practice）、交通现象（mobility phenomenon）与交通行业（mobility industry）。例如，通勤行为中的拼车文化（carpooling）反映了社会信任的建立，而网约车平台的算法调度则揭示了资本与技术对交通行业的重构。

从功能主义视角看，交通的原始功能是突破地域限制以满足生存需求，如游牧民族的迁徙路线或“茶马古道”的物资交换。但交通的社会意义远超出工具性层面：其一，在文化维度中，唐代丝绸之路不仅是贸易通道，更是佛教、伊斯兰教东传的“文化走廊”；其二，在政治维度中，秦代“车同轨”政策通过标准化交通设施强化了中央集权，而现代快速公交系统（Bus Rapid Transit，BRT）的专用路权分配折射出城市治理中的公平性争议；其三，在经济维度中，集装箱多式联运彻底重构全球产业链，催生了“时空压缩”下的即时生产模式。

交通社会学的核心命题在于：交通行为本质上是“社会关系的空间实践”。正如田少波（2010）所述，通勤者选择地铁而非私家车，既受个体经济理性驱动，亦隐含对城市碳排政策的集体响应。这种双重性在网约车平台中尤为显著——司机与乘客的互评制度，实质是数字时代新型劳动关系的映射。进一步而言，交通基础设施，往往成为阶层分异的物质载体，如上海内环高架对棚户区的空间分割，就体现了交通规划中的“结构性排斥”。

当前研究前沿开始关注智能交通系统的社会后果。例如，自动驾驶技术可能消解“驾驶员”的职业身份，同时引发道路伦理的责任归属难题；而 MaaS 模式通过整合数据重塑市民的移动权利，其中潜在的数字鸿沟问题亟待社会学研究的介入。这些议题表明，交通社会学正在从“解释交通中的社会”转向“通过交通解释社会”。

2.1.3 “交通”概念的经济学考察

人类通过肩扛手提运输货物、利用手势和喊叫传递信息的行为虽贯穿古代社会，但在晋代以前，中国始终未形成系统的交通经济学认知。这一现象与早期社会的经济结构密切相关：在“耕战为本”的治理传统下，交通基础设施的修建（如秦代驰道、汉代栈道）主要服务于军事调度与赋税征收，商旅活动被严格限制在官方控制的“关市”范围内。以《盐铁论》记载的“禁榷制度”为例，私营盐铁运输被视为“与国争利”，违者将面临“没入车马”的处罚（田少波，2010）。这种制度性约束导致交通运输未能从农业生产中独立分化，更无法形成专业化市场。在隋唐以前的长途贸易中，商队常常需要伪装成“僧侣朝圣”或“官吏巡行”以规避稽查，充分反映了交通经济长期受到压抑。

资本主义生产关系的扩张彻底重构了交通的经济价值。当工业生产突破地域性自给自足的模式后，原材料的跨区域采集（如英国棉纺织业依赖的美洲棉花）、劳动力的集中调配（如曼彻斯特工厂招募的乡村工人）以及成品的全球分销（如东印度公司的茶叶贸易），均需依赖大规模、高效率的运输系统。这一转变使经济学家意识到，交通不仅是生产活动的辅助工具，而且其本身已成为价值创造的直接载体。卢明银等（2007）指出，交通是借助运输工具实现运输对象空间位置变换的有目的的生产活动。这一定义恰恰揭示了现代交通的双重经济性：一方面，通过降低运输成本提升整体经济效率，如铁路使煤炭运费下降 70%以上；另一方面，用运输服务本身构成独立产业，如 19 世纪末的英国铁路业贡献了全国 GDP 的 4.2%。

2.1.4 “交通”概念的美学考察

人类对交通系统的审美诉求，本质上是将“生存必需”升华为“诗意栖居”。当古罗马工程师在阿庇亚大道两侧种植柏树以框定视觉轴线时，当隋朝匠人赋予赵州桥“新月出云”的弧线韵律时，交通设施便已超越实用功能，成为技术美学的最早实践。这种双重性在工业化时代愈发凸显：人们既要求交通网络如钟表般精密高效，又渴望在其中获得审美愉悦。例如，伦敦地铁 1890 年率先采用彩色釉面砖装饰站台，正是设计师试图以“地下艺术长廊”消解机械时代的冰冷感。

熊广忠（1990）在《城市道路美学：城市道路景观与环境设计》中揭示的“功能与形式的辩证法则”，塑造了现代交通美学的基本范式。以巴黎香榭丽舍大道为例，其 70 米宽路幅精准对应凯旋门的视觉尺度，行道树间距按黄金比例设置，使车行速度与景观节奏形成知觉共鸣。这种“流动的剧场效应”在王健（1992）的交通美学理论中进一步系统化：高速公路防眩板的角度设计需兼顾遮光效率与天际线连续性；高铁隔音屏的波纹表面既能降噪又可折射田野光影。诸如此类的实践印证了劳动创造与审美体验的同构性。

交通工具的形态演变更是一部浓缩的设计美学史。从福特 T 型车的几何切割到保时捷 911 的流体曲面，从蒸汽机车粗犷的铆接结构到磁悬浮列车无瑕的镜面车身，工业设计始终在空气动力学与视觉张力间寻求平衡。日本新干线“希望号”车头的 7°倾角设计，既降低 13％风阻系数，又赋予车体“刀刃破风”的意象；悉尼歌剧院的轮渡码头采用贝壳状顶棚，使通勤者每日穿行于建筑杰作的投影之下。这些例子表明，交通美学的实现路径既包含工程师的理性计算，也离不开艺术家对“速度感”的符号化转译。

交通发展对审美感知的重构同样具有双重性。从积极层面看，318 国道川藏段通过“之”字形展线将雪山冰川转化为动态画卷，重塑了旅行者的空间认知；从消极层面看，高架桥切割城市肌理造成的“视觉暴力”和机场持续低频噪音引发的“听觉焦躁”，暴露出技术理性对感官体验的挤压。熊广忠提出的“道路景观修复理论”，正是通过边坡生态艺术化、隧道洞口浮雕植入等手段，试图在基础设施中重建人文温度。这种反思性实践与王健倡导的“交通审美民主化”不谋而合。上海外滩的观光隧道用 LED 光影解构了通勤的枯燥，反映了日常出行已升华为大众美育的现场。

2.1.5 “交通”概念的分析与定义

通过上文对“交通”概念的溯源，以及与本研究相关度较强的其他学科，如社会学、经济学、美学等在交通方面的考察研究后，笔者整理出几个具有代表性的学者所给出的有关“交通”的定义，以期从不同学科对“交通”的解读中提取出“交通”的共性特征，便于本研究的开展（见表 2-1）。

表 2-1 不同学者对“交通”概念的阐述

学者	主要观点
谷中原(2006)	交通是人类行动本能演化而来的，为满足自身生活和发展需要而进行的实现人、物、信息空间位置转换的社会活动或社会现象
李振福(2002)	交通是人类以一定的运载手段（包括设施和工具）致使客体（物体、人体和信息体）发生地域性位移，从而实现人的异地联通的一种经济活动
刘光华(1927)	人、物及思想的场所转移叫作“交通”，用以转移的一切设备叫作“交通机关”
陈至立(2022)	各种运输和邮电通信的总称，即人和物的转运输送和信息的传递播送。狭义上仅指运输

由上述观点，总结出交通所具备的3个共性特征：

① 交通是以客体对象的空间性物理位移为标志的；

② 交通是借助于一定的运载工具和相关设施实现的；

③ 交通以人、物、信息的互通为终极目的。

交通，作为一种复杂而多维的人类行为，其内涵远超表面的位移活动，是人类生存与社会发展的核心要素。从生存角度审视，交通是人类获取资源、拓展生存空间的基本手段，其目的性深深嵌入人类行为的始末。无论是远古时期为寻找食物的迁徙，还是现代社会的日常通勤，交通始终以目的为导向，驱动着人类不断突破空间的限制。从物质层面剖析，交通是物质的位移过程，涵盖了人、物、信息在空间中的流转。它不仅是物理载体的移动，更是物质与能量的重新分配。每一次运输都连接着生产与消费、供给与需求，构成了经济活动的血脉。交通的每一次脉动，都推动着资源的优化配置，激发着经济的活力与增长。

在社会学视角下，交通行为及其效应是社会现象的缩影，其社会影响深远而广泛。交通塑造了城市的空间格局，定义了区域的功能分工，甚至影响了文化的传播与融合。它如同社会的黏合剂，将个体与群体紧密相连，构建起复杂的社会网络。交通的每一次变革，都能引发社会结构的调整与文化的变迁，从马车到高铁、从帆船到飞机，每一次技术的飞跃都重塑了人类社会的面貌。

在综合考量并广泛借鉴不同学科对交通本质的描述后，本研究将交通定义为：个体在出行决策中，借助特定的设施与服务，实现交通对象空间移动的整体性行为。这一定义不仅强调了交通行为的目的性与物质性，而且突出了其经济效应与社会影响。交通，作为人类行为的缩影，贯穿了生存、经济、社会等多个维度，是人类文明演进的见证者与推动者。

2.1.6　“交通服务”概念的分析与定义

现有的交通系统可大致分为“城市间交通”和“城市内交通”，见图2-1。在城市间交通中，由于行驶距离较长，主要依赖飞机、客船、火车以及长途巴士等交通工具。城市内交通则可以进一步划分为“干线”和“最后一公里”两个部分。“干线”主要负责连接车站和其他主要目的地，通常由地铁、轻轨、快速公交以及普通公交车、观光车等公共交通工具构成。这些干线交通构成了城市交通的骨架，为市民提供了高效、便捷的出行服务。“最后一公里”则是指从干线交通站点到最终目的地之间的短途连接，旨在解决乘客从公共交通站点到目的地的最后一段距离的问题，通常涉及共享单车、助力车、电动滑板车等灵活的交通工具。这一环节虽然看似微小，但对乘客整体的交通体验至关重要，直接影响乘客的出行效率和满意度。私家车虽然在某些情况下可以替代主要的移动出行服务，但不在本研究的讨论范围内。

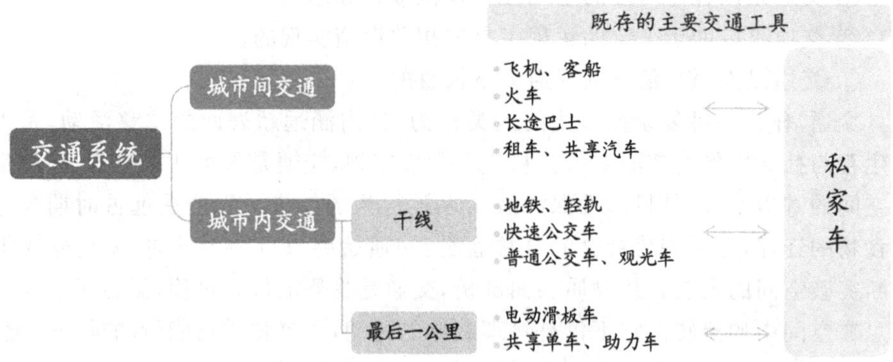

图 2-1　交通系统的构成要素

（资料来源：根据里特管理顾问有限公司编制的“移动出行服务要素”改编）

交通服务的构成组件见图 2-2。通过这种分类，我们可以更清晰地理解交通系统的复杂性和多样性，为后续的研究和设计提供坚实的理论基础。

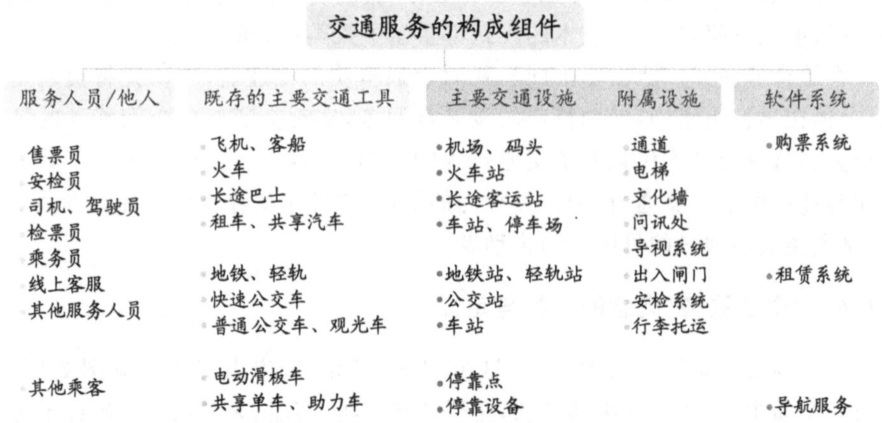

图 2-2　交通服务的构成组件细分图

服务的概念最早源于经济学领域，经济学家将其定义为一种可交易的活动。到了 20 世纪 50 年代，服务的概念逐渐扩展到市场营销领域，众多学者开始深入研究服务的内涵。其中，以格罗鲁斯(Gronroos)的观点尤为突出。他认为，服务本质上是一个过程，在这个过程中，顾客与服务提供商通过互动共享有形和无形资源，服务提供商通过具有无形性的活动为顾客提供解决方案，满足其需求。

基于上述有关服务的概念，本研究对交通服务重新进行了定义：交通服务是从乘客角度出发的一种综合服务，它将物理设施、交通工具、多渠道服务以及运输人员或其他乘客有机地连接在一起，构成乘客在进行空间移动时所接触的工具和服务的集合。交通服务的创新不仅需要考虑乘客的基本需求，还应特别关注乘客在整个交通过程中的体验。这种创新应侧重提升乘客的满意度，以最大限度地满足乘客的需求，并为其创造新的价值。交通服务的定义不仅涵盖了传统的物理设施和交通工具，还包括了服务过程中的互动性和体验性，体现了现代服务理念的转变和提升。

2.1.7 交通理念：出行即服务(MaaS)

在现代城市的高速发展进程中，城市拥堵已然演变为一个亟待解决的棘手难题。以北京为例，根据相关交通部门的统计数据，在工作日的早高峰时段，城市主干道的平均车速常常低于每小时 20 公里，部分拥堵路段甚至出现车辆停滞不前的状况，通勤者的平均通勤时间因此大幅延长。面对如此严峻的城市拥堵困境，大数据技术凭借其强大的数据收集、存储、分析与处理功能，成为推动传统城市交通规划实现全面、深层次变革的关键驱动力。在支付方式方面，存在现金、银行卡等多种支付方式间缺乏统一标准与有效互联互通机制的问题。乘客在乘坐不同交通工具时，往往需要准备多种支付工具，如乘坐公交需要使用公交卡，搭乘地铁需用专门的地铁乘车码，而乘坐出租车又需切换至现金或其他电子支付方式，这种烦琐的支付流程极大地降低了出行效率。在预订平台方面，铁路出行依赖 12306 官网或相关手机应用，飞机票预订分散于各大航空公司官网、第三方票务平台等，长途巴士则有其独立的预订渠道。这些平台之间的信息相互隔离，当乘客在规划包含多种交通方式的行程时，不得不耗费大量时间在不同平台间切换、查询、预订，难以获取一站式的出行预订服务。运营商平台同样呈现出明显的割据状态，公交、地铁、出租车等由不同的运营主体负责，其运营数据如车辆调度信息、线路实时状况等彼此独立，无法实现有效共享与协同运作，严重阻碍了整个交通生态系统中信息的自由流通，使得不同交通元素之间难以达成有效衔接。

随着 5G 通信技术的普及、云计算能力的大幅提升以及人工智能算法的不断优化，技术创新的浪潮正以前所未有的态势席卷交通领域，打破这些壁垒的动力也变得愈发强劲。当下，构建一个公共的共享网络系统已成为交通领域变革的核心目标与迫切需求。这种从传统单一、粗放式服务向个性化定制服务的转变，已然成为推动共享交通蓬勃发展的核心内在动力。

借助技术进步所取得的丰硕成果以及智能咨询服务的有力支撑，共享交通模式应运而生，并引入了一种与传统交通理念截然不同的创新理念——MaaS，这一理念也常被形象地称为“无缝出行服务”。在这一全新理念的引领下，交通领域的科研人员与技术专家们紧密合作，运用前沿技术设计出一个更为智能的系统。该系统集成了先进的地理信息系统、高精度的实时定位技术以及复杂而智能的算法模型。它具备卓越的整合能力，能够将所有可用的交通方式有机融合于一体。从城市间的长途出行来看，系统会综合考量铁路的列车时刻表、票价体系、座位预订情况，飞机的航班班次、起降时间、机票价格，以及长途巴士的线路覆盖范围、运营时间与票价等信息。从城市内部的出行来看，系统还会兼顾租车公司的车辆类型、可用性、租金标准，自行车租赁点的分布位置、车辆存量，以及近年来兴起的共享汽车和拼车服务的实时位置、费用计算方式等。通过这些复杂数据的综合分析与智能算法的运算，系统能够迅速检索出从起点到终点的最佳路线。这里的“最佳”并非单一维度的考量，而是综合行程距离最短、出行费用最优、预计耗时最少等多个因素，为用户提供多种可选方案。同时，系统还会详细呈现整个行程中涉及的各个站点信息，包括车站的具体地理位置、站内的换乘通道指引、不同交通方式的候车或等待时间预估等全面服务，真正实现从出行起点到终点全过程的信息无缝对接，为用户打造全新的、便捷高效的出行体验。

MaaS 在交通的主体和客体之间提供了最大可能的整合性服务。使用这一系统的用户只需要用一个账号进行支付购买（Motta et al.，2013），而他的购买对象可以涵盖最大范围的出行方式，无论这种出行方式是由个人还是由企业提供。现有的 MaaS 平台已经整合了多种类型的交通方式，包含共享汽车、车辆租赁、共享单车、地铁、轻轨以及公共汽车等。交通主体的行程规划过程更加高效、智能，而支付方式却更为便捷简单；同时，系统还可以根据实时路况信息，利用智能手段设计最符合客户需求的出行方案。

MaaS 利用先进的互联网技术和大数据技术，一方面简化了交通主体的操作和规划流程，另一方面又大大提高了交通主体的用户体验。因此，MaaS 在 8 个比较关键且典型的属性上，都表现出极高的设计水平（见图 2-3）。

在 MaaS 的整体视域下，交通出行被等同于服务，交通主体不再需要单独购买交通工具或者进行路径策划，而是从个体的出行需求出发，购买作为整体的出行服务（Fishman，2012）。MaaS 的出现代表了从个人拥有交通工具转向将出行作为一种可供消费的服务，而无须个人占有工具。

基于 MaaS 的内涵，可以总结出其主要有 4 个特点：注重共享、一体式服务、以人为本和绿色低碳。MaaS 的构成主体主要由 MaaS 用户（出行者）、服务提供商（为乘客提供预约交通的服务者）、数据提供方（地图服务提供商、通信运营商以及实时分享数据的客户端）和交通运营商（公交公司、出租车公司等运营主体）组成。

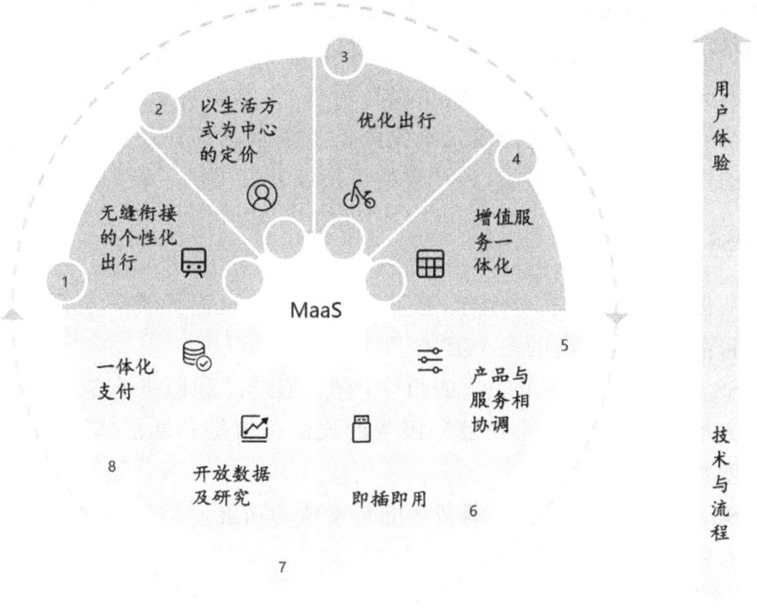

图 2-3 MaaS 的关键属性
（资料来源：Mark et al.，2016）

对于本研究的主要对象——出行者而言，MaaS 是通过整合多方出行方式，基于个人的出行偏好和成本需求，提供给用户个性化且经济合理的出行方案，以提升出行效率和质量为目标，减少用户的繁复操作，实现行程的一键支付。但也由此看出，MaaS 的主要目标还是局限于出行过程的顺畅和无感，与本研究所期望构建的令人难忘的交通体验侧重点不同。

2.2 产品服务系统(PSS)

20 世纪末，为应对日益严峻的环境问题，联合国环境规划署提出了 PSS 的概念。PSS 主张将服务融入产品的定义范围之内，重新定义了企业与消费者之间的关系。在这一模式下，企业不再单纯地向消费者出售物质形态的产品，而是为其提供产品的功能；而消费者则无须拥有或购买实体产品，只需为使用功能付费。这种转变不仅改变了传统的“生产—消费—废弃”线性模式，还推动了资源的循环利用和共享经济的发展。

PSS 通过将产品的有形载体与无形服务有机结合，实现了双重价值创造。一方面，通过共享或租赁模式，产品的使用频率和生命周期显著增加，提升了产品的整体价值，从而减少了资源浪费和环境负担。另一方面，这种模式为企业创造了新的价值增长点，推动了社会向更加可持续的方向发展。例如，汽车共享服务让消费者无须购买私家车即可满足出行需求，工具租赁服务则让家庭或企业无须长期持有大量工具。这种模式不仅降低了消费者的使用成本，还减少了生产过程中的资源消耗和碳排放，为社会的可持续发展提供了新的路径。

2.2.1 PSS 的概念

PSS 从提出至今历经 20 余年，然而学界对其定义尚无统一定论，笔者整理并列举了目前认可度较高的几个有关 PSS 的定义。

① PSS 是产品和服务市场化的组合，它能把产品和服务有机连接，共同满足用户的需求。在该组合中，产品和服务的比例可根据功能的实现或功能的经济价值而变化。

② PSS 的核心为它提供给消费者的是特殊的功能或结果，消费者没有必要购买或拥有物质的产品。

③ PSS 是一个预先设计好的包含产品服务及支撑结构的系统，且必须事先安排好满足市场上顾客需求的服务网络，在满足顾客需求的同时能将对环境的冲击降到最低。

④ PSS 是一项创新的战略，它将经济模式从仅仅关注生产和销售物质产品转变为关注能满足顾客需求的产品和服务的整合。

⑤ PSS 是一个以满足用户需求为目标的产品和服务的集合。

⑥ PSS 是面向生命周期的产品和服务的有机组合，能够实现价值的延伸。

2.2.2 PSS 的分类

学界对 PSS 的分类问题尚无定论。有学者将它分为结果导向、使用导向两类；有学者将它分为结果导向、分享功效导向、以产品生命延伸为导向（面向产品的服务）和以减少需求为导向 4 种类型。最被广泛接受的一种分类，按照服务在整个体系中的比重，由低到高地把 PSS 分为以产品为导向（product-oriented）的 PSS、以使用为导向（use-oriented）的 PSS 和以结果为导向（result-oriented）的 PSS 3 种类型（Tukker et al.，2006）。

① 以产品为导向的 PSS。此种类型中，服务所占的比重最小，而且主要集中在对产品的维护及回收利用方面。例如，用户租赁使用某些产品，根据租赁时间付费，而产品的提供者则负责维护产品的正常运行、回收利用。

② 以使用为导向的 PSS。此种类型中，同一产品能够同时为很多用户提供共享性的服务，服务成为整个体系的中心，物质产品的使用率得到大幅度的提

高。例如,同一写字楼里的几个公司可以共享一间会议室或在办公区域设立一个共享的文印中心,这样即可达到共享办公设施的目的。

③ 以结果为导向的 PSS。此种类型中,服务所占比重最高,“结果”成为最终被售卖、被交换的商品,由此可以有效减少对物质的需求。例如,“已复印好的纸张”“清洁好的衣物”等包含着服务结果的商品,取代原有的复印机或者洗衣机等产品成为 PSS 中的商品,并成为人们交换的对象。

2.2.3 交通 PSS 的提出

除私家车以外的交通服务是从客户的角度来看的一种综合服务,它将物理设施、交通工具、多渠道服务和运输人员或其他乘客结合在一起。本研究将承载人们位移的工具(交通工具)视为产品,将交通过程中接触到的服务视为服务,结合交通的定义以及 PSS 的理念,将交通服务视作交通 PSS。基于此,交通 PSS 具备以下 3 种关键特征。

① 交通 PSS 可作为企业的一项创新战略,需要企业从战略层面,结合 PSS 的理论,对整个交通行为进行系统规划,在体系工具以及方法的实施方面,努力提高服务占比。

② 交通 PSS 作为系统,以用户的需求为设计的核心对象,努力提高服务在整个系统中的占比,并在此基础上实现交通系统中产品的回收利用和可持续发展。

③ 交通 PSS 带有系统性和整体性的特征。在此系统中,产品和服务都将无法单独存在,而被整合为一个有机的整体,这个整体能够同时涵盖有形的物质流以及无形的服务流。

这种 PSS 开发应该从客户的角度来设计,以提供它们在使用中的价值,而不是像传统的做法那样将价值嵌入到产品或服务中。因此,提炼和探究在交通服务接触过程中的体验设计实施方法和评价方法,最终形成交通服务的体验设计方法论,一方面拓宽了体验设计的研究范畴,另一方面也为交通服务创新提供了参考。

2.3 体验的相关研究

2.3.1 体　验

“体验”一词包罗万象,不同研究背景的人对其有着不同的理解,它的含义宽泛且门类众多。梳理体验的研究后发现,最早的研究多集中在哲学、美学和心理学等领域。

哲学领域中对体验的研究常与生命相关联,认为体验是人对世界认知和追求个体生命意义的一种方式,称其为"人生好似一场体验"。体验源自个体的经历,通过个体的主观加工后又不完全等同于经历,具有直觉感悟的特点。在美学领域中则强调了体验的超越性,认为体验是超越了主体和客体的关系、超越了逻辑思维的认知。而心理学领域中的体验主要有 3 个方面的含义:一是将体验理解为过程,称其为"一种复杂的心理活动",如感觉、认知、情感、理解和体会等;二是将体验作为结果,称其为"一种以情感为主导的自我感受状态",但此情感并不是体验的全部内容;三是体验的价值范畴,是价值世界常伴随存在的意义,即"以身体之,以心验之"。美国未来学家托夫勒(Toffler,1981)率先将体验引入经济学领域,提出体验被预先设计出的交换活动,是产品和服务内心化的可交换物。之后的研究则从不同角度对体验展开探讨:心理学家契克森米哈伊(Csíkszentmihályi,1997)提出了心流体验(flow experience)的理论,他认为当个体全身心投入到某种活动时的整体感受是一种可以忽略掉时间流逝而深深投入的一种感觉,是高层次的体验,更是人类情绪体验的峰值。派恩等(1998)认为体验是企业有计划地提供给消费者,使其以个性化方式所参与的活动,是一种独特的经济提供物。施米特(Schmitt,1999)将体验定义为消费者的一系列内心感受,是个人在经历某些情景后所触发的综合感知。泰南等(Tynan et al.,2009)从词性上分析,认为体验有着动词和名词的双重特性,既可以被用于反映体验过程本身,还可以是一种多人共同参与的活动,或是通过感觉器官对外界物质的综合感觉,甚至可以是通过学习而得到的一种体验的结果。他还以服务-主导逻辑为出发点,构造了顾客体验营销的基本模型,这个模型将体验分为前、中、后 3 个阶段,每个阶段都有不同的营销策略。综上看来,国外学者们多从各自角度对体验的定义进行了界定和解读,其中以心理学领域的研究成果最为丰富,也最适用于设计学。5 种心理学领域关于体验的定义比较见表 2-2。

表 2-2　5 种心理学领域关于体验的定义比较

	功能方面		心理方面		
作者	Toffler (1981)	Pine et al. (1998)	Csíkszentmihály (1997)	Schmitt (1999)	Tynan et al. (2009)
定义	体验是一种精心设计的互换过程	人在体验过程中有不同的状态表现	心流体验是个体能力和任务相匹配的状态	体验是被市场活动刺激诱发出来的表现	有名词和动词的双重含义,是通过感官或心智对物体、思想及情感的感觉
因素	情境	参与程度、联系类型	任务挑战、个人能力	体验总体特征	体验前、体验中、体验后
学科	经济学	经济学	心理学	管理学/营销学	心理学/营销学

2.3.2 用户体验

用户体验一词首先于 20 世纪 90 年代出现在设计领域。诺曼(Norman,2012)对用户的不同体验进行了分析,他认为较好的用户体验应该在不打扰、不给用户带来消极情绪的前提下,满足用户需求,帮助用户完成既定目标。比这更优秀的用户体验应该能够为用户带来愉悦的感受,而最优秀的用户体验除完成既定目标、带来愉悦感受之外,还能超出用户的预期,给用户带来意外惊喜。

人们为了追求最优的用户体验而费尽心血。对于影响用户体验的诸要素的研究也逐步扩展到越来越多的学科和领域。心理学、人工智能、可用性测试等,都成为人们提高用户体验的梯子和助手。而人们对用户体验的定义也在逐渐深入的研究中呈现出多角度、多维度的特征,作者在此整理了几个用户体验的定义。

① 人们针对使用或期望使用的产品、系统或服务的认知印象和回忆。

② 用户、客户、观众与一个产品、服务或集体事件交互一段时间后形成的物理属性上的和认知层面上的感受。

③ 用户与产品交互的结果,包括感官的满意度(审美体验)、价值的归属感(价值体验)和情绪情感(情感体验)。

④ 用户体验是最终用户与产品服务互动的总体感受,会影响用户后续互动的期望。

随着体验经济的蓬勃发展,关于体验的概念越来越多地出现在营销和消费者的生活中,体验会伴着消费者搜寻产品、消费产品或接受相关服务时产生。用户体验也成为营销学的热点研究范畴,众多学者从各种角度进行研究,如派恩等(1998)从消费者的视角提出用户体验是个体对一些诸如销售过程中的营销努力而做出的反应,是消费者的心理活动和情感感受。施米特(1999)则从企业的视角讨论体验,并把体验看作由于商品服务者满足使用者的需求而产生的带有原创性的主体回忆。综上可见,大多数学者均认为用户体验是一种多维结构,且该结构具有整体性特征,正如贾恩等(Jain et al.,2017)所概括的,用户体验是消费者在整个决策和消费链中所形成的感觉、感知和态度的集合,是消费者与产品、他人、过程和环境的一系列综合互动,该过程中由刺激所形成的感觉、情感、认知和行为反应综合建立起一种独特、愉快和难忘的体验。对用户体验进行基础探索后发现,它建立在刺激-有机体-反应(Mehrabian et al.,1974)、共同创造经验(Prahalad et al.,2004)、体验经济(Pine et al.,1998)、消费体验(Holbrook et al.,1982)和服务主导逻辑(Vargo et al.,2008)等理论的基础上,这些理论为用户体验的发展奠定了坚实的基础。

关于用户体验纬度的划分，不同学者也各有见解。主要有托夫勒等（1970）的模拟环境和真实环境的体验、霍尔布鲁克等（Holbrook et al.，1982）的体验二元说、派恩等（1998）的 4Es 观点、施米特等（1999）的五维战略体验模块说以及博尔顿等（Bolton et al.，2009）的在线购物体验的三要素等。上述理论的具体划分方式参见表 2-3。

表 2-3　不同学者关于用户体验维度的划分

文献来源	维度划分	维度数
Toffler et al. (1970)	模拟环境的体验、真实环境的体验	2
Holbrook et al. (1982)	功能型体验、享乐型体验（体验二元说）	2
Pine et al. (1998)	教育、审美、遁世、娱乐（4Es 观点）	4
Schmitt et al. (1999)	感官体验、情感体验、思考体验、行动体验和关联体验（五维度战略体验模块说）	5
Bolton et al. (2009)	网上购物，包括网上商店环境、社会氛围、顾客投入程度	3

总的来看，各方学者对于用户体验的研究时间不长，就研究现状看来，国内外相关研究从传统的航空业、旅游业、餐饮业，逐渐延伸到网络购物、新零售等新兴产业中，并且更加注重如何通过用户体验作用的发挥而提高其在市场营销中的作用。本节对领域内比较重要和具有影响力的理论展开叙述，总结了用户体验现有的定义、体验的分类维度、体验属性等内容，分析了现有研究的趋势与不足。

2.3.3　体验的构成要素分析

本小节在以体验为核心线索对交通服务进行设计的过程中，分析体验的构成要素。学界关于体验的研究已经产生了非常优秀的学术成果，这些成果成为本研究的重要参考。

一方面，本小节从整体角度对体验进行研究。体验是主观的、整体性的觉知活动，有学者分析其有情感性、连续性、目的性、完满性、思想性等要素特征。在辛向阳（2014）的分析中，体验则表现为由预期、时间、参与者、影响、舞台等因素共同作用而结成的整体。

另一方面，有学者以不断创建有意义的体验为目标，对体验产生过程中的诸多要素进行分析。有学者认为，体验作为过程性活动的主观感知，在产生过程中，可以从持续时间、密度、互动性、接触点 4 个维度进行分析。迪勒等（Diller et al.，2005）又进一步通过产品、服务、品牌、营销等因素分析影响体验的互动性因素，通过反映性、习惯性和确定性等特质分析体验的密度要素。

江南大学设计学院研究生赵婉茹(2015)提出了“用户体验要素 EPI (experience progression influence)模型”。这一模型是在其导师辛向阳的指导下得出的。在这一模型中，体验作为主观感受的形成过程被分为 3 个阶段，那就是预期、进程和影响。在这 3 个阶段下，她进一步把影响主观预期的因素归纳为需求、预测和第一印象；把影响客观进程的因素归纳为路径、反馈、呈现形式、持续时间、互动方式以及目标；把客观结果的主观体验即影响分为记忆、情绪波动、自我感觉和自我改变 4 个因素。因此，这一模型实际上是从 13 个细微的角度分析作为主观感受的用户体验(见图 2-4)。EPI 模型全面且细致地归纳出影响用户体验的要素及其相关因素，可成为产品体验的评价指针或利用该模型指导产品的设计开发。

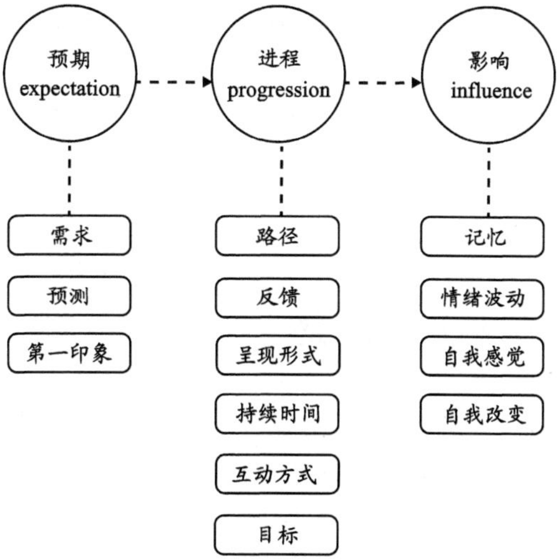

图 2-4 用户体验要素 EPI 模型

(资料来源：赵婉茹，2015)

将体验作为设计对象而展开的设计，就是对特定群体在特定场景中的特殊经历进行的设计。设计过程中应通盘考虑影响个体的主观因素和客观因素，并将体验看作在特定主观目的的引导下，因受到特定情感驱动的影响而不断进行主观选择并持续创造意义的过程。在活动产生之前的主观期许、对结果和预期之间差异的感知、对活动过程中投入的精力和付出的自我判断、伴随这一过程而存在的主观情感，都是体验效果的影响因素。

从理论来源上看，辛向阳(2019)在《从用户体验到体验设计》一文中独创性地提出体验 EEI 模型，即直接将体验作为设计的对象，实现了研究范式的转变，将体验视作一段难忘的经历，是由期许（expectation）、事件（event）、影响（impact）3 个要素所构成的动态组织（见图 2-5）。在辛向阳的考察中，主观和客观处于持续性的交互作用之中：一方面，主观的期许引导着事件的开端，进而作为客观因素被参与者带入到事件中，在不断进行主观的自我创造的同时，也在客观上影响着事件的进程，并成为理解事件、沉淀记忆和发现意义的重要起因；另一方面，只有当整个事件在客观上完成其全部进程之后，才真正沉淀为记忆、发展成为值得分享的故事、构成主体体验中的独特环节。

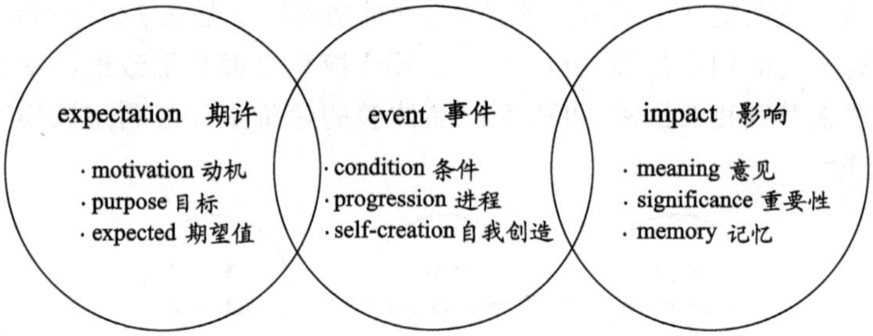

图 2-5 体验 EEI 模型

（资料来源：辛向阳，2019）

2.4 设计学基础及相关研究

随着现代社会的飞速发展，人们对设计学的理解和认识也在不断深化。设计学不再仅仅被视为创造美观物体的艺术，而是一门在混沌中寻找和确立秩序的学科。设计学是一种系统性思考和解决问题的方法论，它贯穿于人们生活的方方面面。设计学的范畴早已突破了传统的界线：从产品设计、平面设计、环艺设计、城市设计和建筑设计等传统领域，逐步扩展到交互设计、服务设计、体验设计、社会创新设计等新兴领域。这种变化反映了设计学的演变和进步，也体现了其在解决复杂社会问题中的潜力和价值。设计学不再只是关注物体的外观和功能，还关注人与物体、人与环境、人与社会之间的互动关系。关于设计学的研究，也逐渐从关注客体的色彩、材质、功能等具体属性，扩展到关注体验、行为、系统等更为复杂的领域。设计学逐渐成为处理社会、政治、经济、科技以及民生等问题的有效手段，它不仅有助于现状的改善，还致力于创造更美好的未来。

交通服务是社会民生问题的典型代表，如何通过设计学介入交通问题，成为设计研究和当代设计师们需要重点关注的课题。交通不仅是一个技术问题，也是一个社会问题。它涉及人们的日常生活、城市的可持续发展以及社会的公平与效率。设计学可以在交通系统中发挥重要作用，通过创新的设计方法和策略，可以提升交通服务的质量和效率，改善人们的出行体验，促进社会的可持续发展。因此，交通服务不仅是设计学的一个重要应用领域，也是设计学发展和进步过程中面对的挑战之一。

2.4.1 设计探究理论

探究是一种有管控的转换过程，它引导人们从不确定的状态向内在关系明确的状态转变。在这个过程中，人们将原始状态的各个构成元素整合为一个统一的整体。探究旨在寻找理论的、实践的或生产性的解决方案，推动人们在认知和行动等方面实现研究的进步(Buchanan，2009)。设计研究者可以通过探究活动，揭示事物之间隐藏的联系和规律，将不确定的情境转化为确定的情境，从而发掘新的观念。

杜威(Dewey)提出了一个通用的探究模式，将设计探究过程划分为 5 个阶段：疑难、建构、求解、演绎和证实(见图 2-6)。这一模式为设计研究者提供了一个系统的框架，帮助他们在面对复杂问题时，能够有条不紊地进行分析和解决。

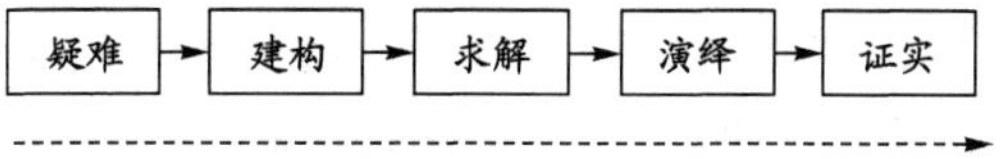

图 2-6 设计探究理论的 5 个阶段

在交通服务中，常常出现一系列令人迷惑且不确定的情境。即使是相同的交通服务，出行者在不同的情境下也会产生不同的体验。情境、人物和关系等多个变量如何相互作用，需要深入剖析和探究。为了更好地理解这些复杂关系，研究者需要借助各种符号作为手段，去探寻和解析其内在逻辑。以下将结合本研究的内容对这 5 个阶段进行说明。

2.4.1.1 疑难阶段

杜威将人们遇到疑问并难以进行判断与处理时的情境称为“疑难阶段”。在交通体验设计中，首先需要解决的疑难是确定影响交通行为中产生主观体验的要素有哪些、确定这些要素与体验之间的关系以及确定要素之间的构成关系。这些疑难是推动设计探究理论发展的动力。而解决疑难的唯一办法，正如著名思想家胡适所说，可以从具体的问题着手，深入分析问题表象背后的影响因素，最终发现根本的原因。

本研究通过田野调查的方法，深入交通行为体验的各个环节，探明交通服务的具体形式，考察影响交通体验的众多因素，并最终预测人们愿意为哪种交通体验买单。例如，通过观察乘客在不同情境下的行为和反应，设计研究者可以识别影响交通体验的关键因素，如拥挤程度、等待时间、信息透明度等。

2.4.1.2 建构阶段

确定探究目的后，随之而来的是理论构建阶段。这一阶段最难处理的问题是在诸多纷繁芜杂的因素中找到因果关系的隐含线索。胡适将这一阶段称为“大胆假设”阶段，而符号学创始人查尔斯·皮尔斯(Charles Peirce)则将其称为“溯因”。设计研究者在这个阶段应根据前期观察所得到的现象大胆假设，例如，可以将交通服务视作一个完整的系统，假设交通体验会成为人们出行的目的而不再是附属的感受。

在这一阶段，设计研究者需要将主要精力集中在问题的构建上，无须急于进行决断。选择正确的切入点尤为重要，因为假设的问题一旦出现方向性错误，后期的证明过程不仅会变得非常艰难，而且对于整个问题的解决毫无用处。杜威从实用主义的立场出发，特别强调问题意识对于整个研究过程的重要性，并认为充分的田野调查、深入细致的调研和认真努力的思考是保证设计研究者在此阶段远离错误的根本方法。通过在诸多因素中进行比较分析，判断出正确的研究方向，再经由推演后得到答案，并预测和评估假设的可靠程度，才能最终推演出问题的解决方法和路径。例如，经过对现象的观察，假设交通体验可以作为直接设计的对象，并有构成的基本要素，然后通过溯因分析交通体验类的实践案例，验证要素的合理性。

2.4.1.3 求解阶段

在求解阶段，设计研究者依据过去的经验以及现有的知识储备，推理有关问题假设的解决方案。这可能是灵光乍现的奇思妙想，也可能是未经验证的不成熟的思考。就本研究而言，当提出交通服务中的体验由多方要素构成的假设之后，可以根据所提出的问题设计相关调研问卷，通过方案和分析结果继续推进研究，得出交通体验的构成要素之间的相互作用关系。例如，设计研究者可以设计问卷，收集乘客对不同交通体验要素的评价，如舒适度、安全性、便利性等，从而进一步验证这些要素对整体交通体验的影响。通过这种方法，设计研究者可以更全面地理解各要素之间的相互作用，为后续的设计提供实证支持。

2.4.1.4 演绎阶段

演绎阶段可以看作是前期假设在思维中不断被推演、被考核、被纠正、最终被确定的阶段。在这个过程中，设计研究者需要预测假设的可行性以及可能产生的效果，并根据诸要素之间的假定因果关联不断地进行调适和修正。由于在构建阶段所假设出来的因果关系可能是多角度、多方面的，设计研究者还需要对各种假设及其后果进行对比分析，从各种假设中选择最能够符合预期的方案。

在这一阶段，设计研究者唯一能依靠的是前期在田野调查、实证调研、案例搜集中获得的经验材料。设计研究者利用这些材料，对假设的因果关系进行“小心求证”，并最终形成较为合理的理论架构。在本研究中，笔者首先假设并构建了交通体验的过程模型，并努力通过问题演绎，将交通体验的过程与实际案例进行对比分析与解说，进而求证影响交通体验的诸要素与交通体验之间的真实关系。

2.4.1.5 证实阶段

思维中的演绎并不是理论架构的最终结果，设计研究者必须将演绎推理中的结论放到现实的交通行为中加以验证，用实验或案例中的数据加以说明，以证实其合理性和有效性。如果在实验中无法证实结论，或出现较大漏洞，则说明假设是不成立的；反之，若结论被证明有效，则可以对结论进行优化，使其可以被其他人更好地理解，从而发挥更大的作用。

本研究通过案例和设计实践证明交通体验模型的有效性，同时产出一种新型的设计工具供设计人员参考与使用。例如，通过实际应用 V-CEPM-V 模型，验证其在提升交通服务中的用户体验的效果，并根据反馈对其进行优化与完善。

2.4.2 设计叙事

设计叙事是在理论演绎阶段的关键方法论支撑，在对理论进行实证分析时发挥着不可或缺的作用。叙事的目的在于按照时间顺序讲述发生的事件，但为了确保故事的趣味性和吸引力，对事件的讲述过程可以进行精心设计。当这种设计能够引起人们的兴趣时，叙事就不再只是信息的传递，而是一种人们乐于接受、甚至沉浸其中的体验。

屠曙光(2008)认为，设计中的非物质成分构成了一个物的全部事件，成为可以售卖的“产品故事”。设计正努力从给人们提供“事物”转向提供“事件”，这是因为现代人已不再满足于物质上的需求，而是更期望拥有那些能够引发情感共鸣、值得回味的故事。这种转变是人类物质观念变化的必然结果。精心设计的叙事过程对于人们来说具有与物质产品同等实在的意义。

对叙事过程的重视和需求的增长，一方面反映了人类需求层次的提高，另一方面也体现了人类对自身反省的不断加深。人们不再仅仅关注产品的功能和形式，而是渴望通过产品背后的故事来寻找与自身价值观的共鸣。这种叙事的力量在于，它能够将产品的设计过程、使用场景和情感价值编织成一个个引人入胜的故事，使人们在购买产品的同时，也购买了一种生活方式、获得了一种身份认同。例如，苹果公司不仅仅售卖手机，还通过其产品设计和营销策略，讲述了一个关于创新、简洁和用户体验的故事。这个故事吸引了全球数以亿计的消费者，使他们成为苹果生态系统的一部分。同样，宜家不仅仅卖家具，还通过其产品设计和店内体验，讲述了一个关于个性化、可持续性和家庭温暖的故事。

因此，设计叙事不仅是设计的一个附加元素，还是设计的核心组成部分。它能够将产品的功能、形式和情感价值融为一体，创造出超越物质层面的体验。这种体验不仅满足了人们的基本需求，还引发了他们的情感共鸣和身份认同，因此在竞争激烈的市场中脱颖而出。

2.4.2.1 设计叙事的话语结构

设计叙事的目的是给交通行为的参与者们讲述一个经过设计的故事。故事对于人们理解周围的世界具有重要的意义。故事就是解释世界——对这个世界中万物的发展、本质和价值的可信的解释(格里芬,1995)。对交通体验进行设计并加以叙述的过程，就是利用一系列不同的叙事单位，在不同的结构中为交通行为的参与者提供事件描述的过程。这些叙事单位或者话语结构，可以被分成5种形式。

① 解说——对叙事过程中的材料进行诉说和直白讲述，包括材料的历史、状态背景等内容。

② 证明——通过讲述与物品相关的其他材料来衬托或评价讲述对象的过程。

③ 隐喻——在叙事过程中对不同材料之间内在联系和相互作用进行展示的过程。

④ 反思——叙事中对物的一种文化、历史、生活的思考。

⑤ 体验——作为对物的一种示范性经验或替代性实践。

设计叙事的过程是一个内容丰富、形式多样、效果直接的过程。在当今国际流行色趋势发布时，发布方式已不再局限于传统，即直接将色彩提案发布给全世界，而是通过构建一个个引人入胜的故事来呈现：它可能是一次神秘的深海探险，在色彩提案中通过深邃的蓝色和神秘的绿色呈现；也可能是途径敦煌的拾零，从古老的文化遗产中汲取灵感，在色彩提案中通过沙漠的金色和古老壁画的红色呈现；抑或是花海中的美丽邂逅，从自然的花卉中提取色彩，在色彩提案中通过鲜艳的粉色和柔和的紫色呈现。这些故事通过图像、绘画、影像甚至实物搭建出可视的、充满意象的叙事文本，使观众能够感受到色彩的情感和氛围。在这一过程中，设计师的素材是各种不同的“时尚元素”或“流行概念”，他们的任务是对这些素材进行整理和设计，将色彩提案转化为叙事的过程。

这种叙事方式不仅使色彩提案更具吸引力，还能帮助观众更好地理解和接受新的色彩趋势。通过对故事的叙述，色彩不再只是抽象的颜色，而是有情感、有背景、有故事的存在。这种设计叙事的过程，不仅丰富了设计的内容和形式，还直接有效地传达了设计的核心理念和情感价值。

在叙事的过程中,具体的设计形式和产品样式服务于意向的呈现和故事的叙述,从而为观众创造出不同的观感体验。此时,虽然叙事的最终目的仍然是产品,但产品本身并非叙事的核心,而只是叙事的材料、道具或场景。张学东(2013)认为,设计叙事的最终目的是给个体创造一个事件,这个事件对个体的意义要大于产品本身的意义,甚至产品需要借助事件才能完成其价值的传递。例如,购买麦当劳的儿童套餐表面上是一个购买产品的过程,但消费者在购买时还得到了一个附送的玩具,这就构成了一个有意义的事件。在这个过程中,个体对事件的觉知超过了对产品的觉知,甚至常常出现为了附送的玩具而购买套餐的消费行为。再如,法国设计师菲利普·斯塔克(Philippe Starck)设计了一款外星人榨汁机,它的造型奇特且使用起来非常困难,明显脱离了传统产品设计中功能至上的原则。然而,斯塔克解释说,这款怪异的榨汁机可以成为一家人交流的话题中心,成为沟通感情、拉近关系的桥梁。因此,这款榨汁机具备了叙事的性质,成为生活中各种意义的源头。这些例子表明,设计叙事的力量在于它能够超越产品的功能属性,赋予产品以情感和社交价值。通过叙事,产品不再只是物质的存在,而是人们生活中事件和意义的载体。这种转变不仅丰富了产品的内涵,也为消费者提供了更加深刻和持久的体验。

2.4.2.2 设计叙事的技术可实现性

设计叙事的根本目的是为大众呈现有意义的事件,并要求能够覆盖大多数的普通民众,因此需要强有力的技术支持。大众传媒的广泛覆盖为设计叙事提供了技术性的平台,而大数据技术的发展则成为推进设计叙事进入个体生活的重要推动力量,二者共同成为设计叙事得以实现的重要技术前提。

计算机辅助虚拟现实、互联网、多媒体等技术的综合运用,可实现多感官、跨时空、超现实的效果,为设计叙事的创作开发提供了全新的视觉媒介。例如,在展示空间设计时,叙事性设计通过多媒体技术的数字化、交互式展示方式,使观众不再是被动接收信息的受众,而是积极参与其中的主体,从而提升了展示空间信息传播的表现力,使其保持活力与吸引力。交互技术的运用打破了故事叙述者和故事倾听者之间的壁垒,使任何人都可以通过计算机虚拟角色或代理人进入事件现场。这种技术的应用,为用户提供了更加丰富和沉浸式的体验。以数字媒体为核心的生活方式,让经过设计的叙事逐渐成为能够被个体感官直接感知、对人具有真实意义的事件场所。此外,大数据和推荐算法的媒介语法推动了故事创作模式的改变,赋予了叙事更加鲜活、具体的主题和内容载体。人们在不经意的点击、搜索中透露自己对于故事的兴趣点,在社交平台的智能推荐、观看、点赞和评论等行为促进了人们兴趣点的集合,加速了全球范围内极具普适性和共情力的共享故事文化景观的形成。

在故事创作的工具辅助阶段，以人为主导，以机器作为人的延伸者、辅助者的角色。机器通过数据分析为创作人员提供选题依据或方向启发，并在创作人员的指引下进行部分素材的采集、筛选工作，将字体、语言、颜色、文案、图片等以碎片化元素进行类别化、标签化，逐步替代一些低端的重复性劳动内容，如更换语言、色板等，并借助不同要素的自动组合完成故事的粗加工，最后经由推荐算法实现初步的分发。随着技术的进步，人机交互方式也在不断演进迭代。从最早命令行时代的“指令输入”到PC互联网时代的“鼠标点击”、移动互联网时代的“手指触控”，再到大模型时代的“语音对话”，人机交互越来越自然、顺畅、无感。这种交互方式的演进，为设计叙事提供了更加丰富的可能性，使得叙事过程更加贴近用户的生活，更加易于被用户接受和理解。

在5G时代，智能化和场景化成为传媒业内容生产的核心理念。人工智能、短视频、网络直播、大数据新闻和VR/AR新闻等新兴技术的应用，为设计叙事提供了更加丰富的媒介和技术支持。例如，新华社与阿里巴巴合资成立的媒体人工智能公司新华智云发布的“媒体大脑”，利用数据和算法打造了一个“业务数据化—数据业务化”的闭环反馈过程，使新闻生产更加智能化和场景化。

综上所述，设计叙事在技术的支持下，已经从传统的单向信息传递转变为一个多感官、互动性强的体验过程。这种转变不仅丰富了叙事的形式和内容，也使得叙事能够更加深入地融入日常生活，为人们提供更加有意义的和个性化的事件体验（沈冠东，2016）。

2.4.2.3 从物质消费到叙事消费

随着物质财富的积累和消费水平的逐步升级，人们的消费对象逐渐从“物品”转向“事件”，消费活动的最终目的也从“满足”转向“意义”。这种转变反映了人们对生活质量和精神满足的更高追求。人们越来越重视消费过程中的个体体验，由此引发了以注意力为核心的经济行为。在这种背景下，特定产品是否能够获得更多的关注，成为决定其价值能否发挥的关键因素。

由于商品信息在生活中的泛滥，人们的注意力逐渐成为稀缺资源，也成为产品设计过程中需要关注的核心因素。杨祥民（2016）认为，提供给消费者的事件能够比单纯的物品引起更多关注，从而吸引消费者更多的注意力，获得兑现价值的更多机会。这是因为事件能够比物品容纳更多的不确定因素，触发消费者多样的心理建构，为塑造不同角度、不同内容的意义提供动力和素材。

在以交通行为为核心的体验设计叙事中，主要采用形象的、视觉的、动变的、可直接参与的事件作为设计的对象和叙事的素材，这样能够在最大限度内吸引人们的注意。例如，通过设计互动式的地铁站艺术墙，让乘客在等待列车时可以拍照、互动，这种动态的体验不仅提升了乘客的等待体验，还成为他们社交媒体上的分享内容，进一步扩大了设计的影响力。人们的参与度越高，事件所投射的注意力就越多，就越容易引发后续的消费行为。作为一种被异化了的消费，事件之所以在消费社会中独行其道，是因为其独特的叙事内容吸引了人们的注意力。例如，主题公园的成功不仅在于其设施的先进，更在于其通过精心设计的叙事和场景，为游客创造了难忘的体验，使游客愿意为之付费。

设计叙事的本质和特性为构建交通体验的意义提供了强有力的方法论支持。通过设计叙事，我们可以将交通服务从单纯的功能性服务转变为富有意义的体验，从而提升用户的满意度和忠诚度。这种转变不仅有助于提升交通服务的竞争力，也为设计学的发展提供了新的方向。

2.5 本章小结

本章从词源的角度对交通的概念进行了多角度梳理，并在此基础上对交通和交通服务进行了再定义。

第一部分通过分析交通的历史演变、功能属性及社会影响，揭示了交通作为人类行为的核心特征；在此基础上，结合现代交通发展的新趋势，提出了交通与交通服务的新定义。

第二部分深入探讨了 PSS 的概念，并提出将交通服务视为一个整体，将交通体验视为直接的设计对象；通过分析 PSS 的内涵，阐述了交通服务如何通过整合物理设施、交通工具和服务流程，形成一个以用户体验为核心的综合系统。这种以体验为导向的设计方法，不仅能够提升交通服务的质量，还能驱动交通服务的持续创新。

第三部分聚焦体验相关要素及其内在关联的研究，在梳理前人研究成果的基础上，将 EPI 模型和 EEI 模型作为重点参考对象，确立了后续研究的主要对象；通过对比分析 EPI 和 EEI 模型，识别了影响交通体验的关键要素，并探讨了这些要素之间的相互作用机制，为后续的实证研究提供了理论框架。

第四部分从设计学科的角度出发，通过对设计探究理论形成过程的深入分析，重点阐述了与本研究相关的设计叙事方法、设计叙事在交通服务中的应用，包括如何通过叙事方法构建有意义的用户场景以及如何利用叙事来推动交通服务的创新和优化。

综上所述，本章通过概念梳理、理论分析和方法论探讨，为交通服务设计提供了一个全面的理论基础和实践指南。

3　交通体验的影响因素研究

本章的核心目标是从设计的角度出发探究交通体验的影响因素。首先进行质化研究设计方法的解说，然后通过问卷和结构化访谈展开人们对交通体验的调研。将访谈数据作为扎根编码的原始数据，按照程序逐级提纯，最终梳理出6个主范畴和34个子范畴，根据扎根分析结果构建交通体验的定义，为后续交通体验要素的提出奠定基础。

3.1　质化研究设计

质化研究是一种探索性的研究方法，也被称为"质性研究"。它是以研究者作为主要的研究对象，置身于研究情境中，运用观察、访谈等方法去体验和理解被研究的对象，归纳分析被研究对象的行为及其意义构建的过程（陈向明，2000）。有别于量化研究对理论假设的数字度量，质化研究主要使用文字进行现象的描述与分析并逐步形成理论假设。

本研究所提出的交通体验在理论界还没有相关的成熟研究，尤其在国内鲜有提及。本研究旨在对交通体验的影响因素及构成要素进行深度的描述和阐释，不仅要考虑特定构成因素，还要探索一些新的变量范畴及其对交通体验的影响。因此，对于交通体验，本研究先用探索性的质化研究，再用量化研究对得出的研究结论进行样本实证检验。

3.1.1　资料收集

广泛、深入地收集第一手资料是质化研究的首要步骤，而收集第一手资料的主要途径包括观察法、访谈法（包括深度访谈、焦点小组等）、民族志、档案记录和录像分析等（刘建花 等，2013）。在2018年12月至2019年8月期间，研究团队带着研究问题，多批次走访国内十余个大中城市，访谈了43位交通领域相关的代表人物，有的是业界研究学者，有的是行业设计专家，有的是相关职能部门负责人等（见图3-1、图3-2）。本研究旨在通过访谈得到较为全面的客观信息，了解人们关于交通的相关认知和体验。访谈的专家大多是来自中国中车集团下属企业、滴滴出行、高德地图等16家不同企业的工作人员，以及来自江南大学、西南交通大学、澳门科技大学、四川美术学院、广州美术学院等 9 所知名高校的专家学者，具体访谈对象清单参见附表 1。本研究将数据收集的方法设定为与代表性城市居民、相关从业者及本领域内的学者进行访谈。

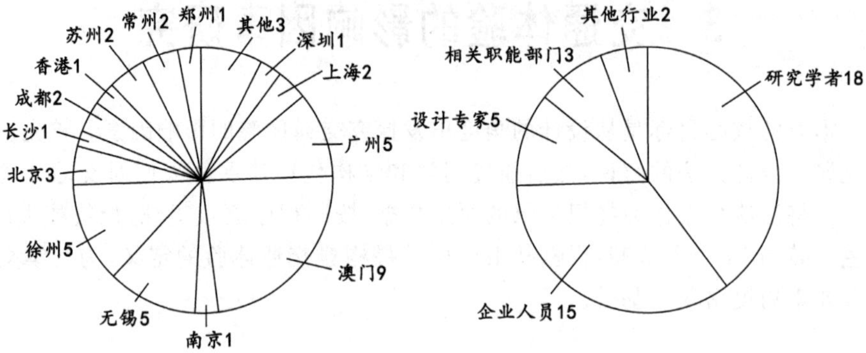

图 3-1　调研访谈对象基本信息统计图

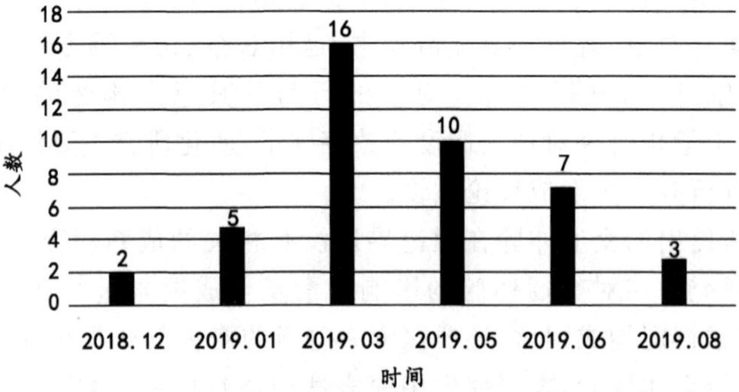

图 3-2　调研访谈对象人数统计图

在选择访谈对象时，首先按照分析框架和扎根理论中概念的发展要求界定访谈对象总体，然后在总体中进行理论抽样。因为研究对象（访谈对象）是质化研究的研究资料及结论的主要来源，所以本研究中对访谈对象的选择格外谨慎，要求被选择的访谈对象必须对城市交通服务以及体验有一定的认识和理解。因此，研究中有代表性的访谈对象选定为具有大专及以上学历的城市居民，该群体对城市交通以及体验有着自己的主观意见并具有丰富的现代城市出行经验。访谈对象的数量以扎根理论中要求的满足理论饱和原则为依据，即当分析时所抽取的样本能够提供的信息和前期研究重复较多且不再有新发现或新的重要信息出现时即可停止抽样。本研究最终一共采访 550 位来自澳门、上海、江苏及广东等地的访谈对象，他们的基本信息如附表 2 所示。

为确保资料收集的全面性和有效性，行业内专家学者以及政府机关人员的访谈工作全部由笔者独立完成，其他人员由研究团队成员协助展开。访谈主要由面对面以及在线沟通这两种方式组成。面对面访谈便于访问人员通过观察访谈对象的表情变化以及肢体状态，灵活调整访谈内容和顺序，从而获得更加深入和广泛的信息。在进行面对面访谈时，均会在访谈对象同意的情况下进行访谈内容的录制，便于访谈后对语音文字进行转译与整理；利用电子设备展开的在线访谈则更为灵活，双方不受地理区域和时间的限制，在访谈对象处于相对轻松的心理状态下我们得到的访谈内容的逻辑性也更好。

开放式访谈提纲设计如表 3-1 所示，主要由 3 个主题及 7 个子问题构成。表中所列访谈提纲只是作为访谈展开的框架，实际访谈内容可以根据不同情况而进行适当调整。其中对交通体验的理解以及影响交通体验的因素为访谈重点，访谈时可根据访谈对象回答的内容从不同角度进行适当追问，以得到更为深入的信息。

表 3-1　开放式访谈提纲

访谈主题	主要内容提纲
什么是交通体验	1-1 请分享令您印象深刻的一次交通出行经历。 1-2 请您谈一谈对交通体验的理解。 1-3 提到交通体验，您想到的 5 个词汇是什么？
影响交通体验的因素	2-1 在您接受交通服务的过程中，有哪些曾给您留下印象深刻的体验？
	2-2 您认为影响交通体验的因素之间有什么关系？
构成交通体验的要素	3-1 您觉得哪些要素构成了交通体验？
	3-2 您认为改善交通体验的最终目的是什么？

3.1.2 数据分析方法

上文提到，交通体验的概念目前尚未完全清晰，需要进行探索性的质化研究，所以本研究选择扎根理论这一探索性的研究方法展开资料的分析工作。具体来说，扎根理论的基本原理是通过对第一手数据进行系统的分析与归纳，使之概念化与范畴化，然后持续比较分析，使概念进一步浓缩、抽象并使各概念和范畴之间建立某种联系，并借此最终形成理论框架。在扎根理论的研究中，原始数据是作为文字数据出现的，本研究中主要是与代表性城市居民以及相关学者的深度访谈记录。扎根理论的核心是数据及概念的持续对比分析，这种对比分析可出现在一份数据前后内容之间，也可出现在一份数据与另一份数据之间。通过此种对比分析可以发现与研究课题相关的关键概念及范畴，并通过分析概念与范畴的属性建立起联系，自下而上提出相应的理论框架。扎根理论研究的步骤主要有：开放式编码、主轴编码和选择性编码，分析流程见图 3-3。

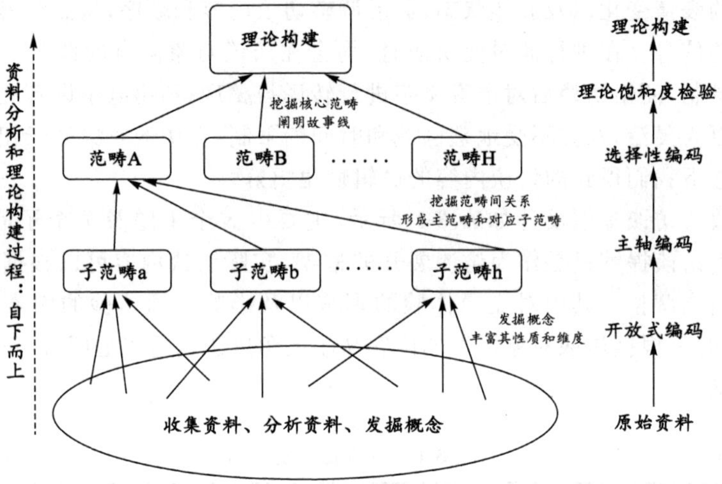

图 3-3　扎根理论研究的分析流程

（资料来源：王建明等，2011）

3.2　基于扎根理论的分析

在对访谈记录进行整理之后，本研究共得到近 7 万字的访谈记录。在分析阶段，选择三分之二（367 份）的访谈记录进行编码分析，而另外的三分之一（183 份）用于进行理论饱和度检验。在编码及分析的过程中，为了保证本研究的信度与效度，严格按照施特劳斯等（Strauss et al.，1990）所提出的编码程序进行操作。与此同时，为避免因研究者主观态度对编码结果的影响，提高编码与分析的科学性、可靠性和客观性，本研究在编码时同时采用了个人编码与专家咨询的方法。

3.2.1　开放式编码

开放式编码也称为“一级编码”，或“开放式登陆”“一级登陆”。在开放式编码中，第一步应对原始数据进行译码，也就是对原始数据的所有可用字句进行一对一的编码，对其进行概念化编码，这一概念化的标签进行持续比对，逐级登陆获取原始概念。在对原始概念赋予概念化标签时，本研究尽量采用访谈对象的原话直接命名概念，或提取原话中的某些概念进行编码，以此消除研究者个人主观偏见的影响，有利于深入挖掘交通体验的相关概念。因篇幅限制，本研究仅选择各范畴中有代表性的原始字句及提取的初始概念进行说明。开放式编码过程及结果参见附表3。

3.2.2　主轴编码

主轴编码即二级编码，也被称为“关系型登陆”或“轴心登陆”。主轴编码的目的是发现并建立各概念范畴之间的相互关系，在进行主轴编码时每次只对一个范畴进行分析，围绕该范畴深入探索相互关系，并分析该范畴在概念层次上是否存在潜在关系，因此被称为“轴心”或者“主轴”。在对每组范畴的相关关系进行分析之后，应进一步明确每组范畴的组内范畴级别，判断其中的主范畴和子范畴，并在持续的比对分析后建立主范畴与子范畴的相互关系。主轴编码的一般过程，亦即主范畴的形成过程及结果参见附表4。

3.2.2.1　预期主范畴的形成

在对访谈数据编码过程中可发现，绝大多数受访者均表示个体对于交通服务的预期是交通体验的影响因素之一。例如：

R139：我去了重庆红土地站，就是为了体验一下传说中我国最深的地铁站。扶梯特别长，纵向深度大，我转了十几分钟才到最下面，差点想放弃。（猎奇心理、口碑宣传）

R083：在抖音上刷到家乡新开通的一列地铁，文化墙非常好看，我要去打卡。（猎奇心理、口碑宣传、事前认知）

R168：澳门轻轨的首发可以免费乘坐。车站和车辆都非常新，站内的导视牌指示明确没有歧义。站内有工作人员帮助刷卡、指引路线和辅助乘坐，非常贴心。车辆内部干净通透，沿途可观赏澳门的景色，大人和小孩乘坐时都非常开心。（事前认知）

R159：坐地铁1号线从南医大·江苏经贸学院站到南京南站转地铁3号线。去仙林的地铁上人很少，地铁外的风景很不错，可以看见天空和远处的青山，听着手机里的音乐很放松、很享受。（交通习惯）

R120：有一次，我心情不好，随便乘了学校门口的公交，随机下站，吃到了好吃的卷饼，心情也好了许多。（意外惊喜）

R039：去上海时我没有选择高铁这种便捷的交通工具，而是选择需要一天一夜的长途客车，就是为了观赏去上海途中的风景。（路径选择）

R313：在回老家的路上，我坐在爸爸的车上，享受那一段路程。家乡越来越好，路上不再那么坎坷泥泞，曾经低矮的房屋大都重新刷过漆。农村的绿植很

多，我的眼睛得到了很好的放松。（意外惊喜）

R055：乘地铁去鸡鸣寺非常方便，中途转两次地铁就好了，在站内就可以直接转，出了站直接就到目的地了。（事前认知、路径选择）

R321：这次和家人一起去微山湖是临时决定的，我们开车看到微山湖的牌子时本来以为就到了，其实并没有，我们还要坐船到对岸。在坐船的途中，我看到微山湖的村民使用自制的划行工具划船，就像语文课本里描写的“一叶扁舟”一样，亲眼看到还是觉得很神奇。我们逛了微山湖的巷子，吃到了微山湖的特产，还买了芦苇折的青蛙和当地人自制的油纸伞和鸭蛋，这些无不体现劳动人民的智慧，这是一次令我难以忘怀的出行。（路径选择、意外惊喜）

进一步挖掘分析发现，预期这一主范畴可以由6个对应子范畴构成，分别为：

① 猎奇心理，即为了体验某种著名或具有代表性的交通服务或周边而前往的心理驱动。

② 口碑宣传，即某种交通服务通过各种媒介渠道对其特点、优势进行宣传，使得个体对其有大致的了解。

③ 事前认知，即个体对某种交通服务存在一定的了解和固有印象。

④ 路径选择，即个体根据自身需求规划好一定的路径。

⑤ 交通习惯，即个体在日常生活中最习以为常和不假思索而选择使用的交通服务。

⑥ 意外惊喜，即在接受交通服务的过程中出现的令人惊讶且兴奋的突发事件或者意料之外的情境。

3.2.2.2 感受主范畴的形成

在对访谈数据编码过程中可发现，绝大多数受访者均表示个体感受对于交通体验具有显著的直接影响。例如：

R051：我印象最深的是和爸爸妈妈一起去大学的路上，一家三口拎着大包小包，坐上了火车。学校离家比较远，我们坐了一天火车才到。火车虽然经济划算，但是行驶速度是真的慢，而且夜里旅客无法休息得当，会影响第二天的状态，特别是当行李多的时候，整个人会身心疲惫。（感官输入）

R180：滴滴出行的车子很好、很便捷、很有科技感，坐起来也很舒服。（高效便利、感官输入）

R258：有一次我乘坐出租车，和司机闲聊，感受到司机群体生活的艰辛和不易。（情感共鸣）

R163：有一次我用打车软件叫车，车没有什么特别的，但是司机非常风趣，在聊天过程中讲到某种方言的起源，与我们之前了解的差距很大，令人印象深

刻。(沉浸投入)

R240:我去云南登黄龙山时,第一次有高原反应。先是乘坐环山客车到达山腰,乘坐过程中我的高原反应剧烈,头晕目眩,多次呕吐;下山时乘坐缆车,过程较为放松。整个旅行过程较疲倦,主要因为高原反应下乘车比较痛苦。(生理差异)

R328:有一次我使用滴滴出行,司机非常贴心,得知车上有人容易晕车,就开得很慢很稳。(感官输入、生理差异)

R039:去上海时我没有选择高铁这种便捷的交通工具,而是选择需要一天一夜的长途客车,就是为了观赏去上海途中的风景。(风景可视性)

R322:现在出行非常方便,尤其是我们老年人,以前想上哪去都要等孩子有空才能开车带去,现在只要在手机上预约出租车一会就到非常方便,感谢平台!(高效便利)

R301:我平时出行次数很多,最近一次是从武汉飞往徐州,第一次体验 3+3 短途小飞机的商务舱,就是宽一点的大板凳,但是空姐的服务明显好很多。(交通习惯)

R103:不管是寒冬还是酷暑,我们只需提前预约打车,滴滴司机就能在指定地点等我们上车,这大大减少了我们候车的时间;同时,顺风车也为我们节省了用车费。(等待时间、交通习惯、高效便利)

R156:很多次去坐公交的时候,我刚到那里公交正好走掉,又得等很长时间。(等待时间)

R311:时间充足时我大多乘公交车,但有急事时就用打车平台打车更方便快捷。(等待时间、出行习惯)

进一步挖掘分析发现,感受这一主范畴可以由 7 个对应子范畴构成,分别为:

① 风景可视性,即个体在交通工具内感受到外界的风景可视情况,风景可视度的高低以及景色的优劣,对交通体验有一定的影响。

② 感官输入,即在接受交通服务的整个过程中,个体的感官系统从外界接收到的输入信息。

③ 情感共鸣,即个体在接受交通服务过程中与人、事物、情境交流所产生的情感共鸣。

④ 生理差异,即个体自身的生理差异,会导致交通体验的不同。

⑤ 高效便利,即交通服务在流程、运行中的效率及便利度的高低。

⑥ 等待时间,即个体在使用某种交通服务中所感受到的流逝的时间。

⑦ 沉浸投入,即个体在交通情境中超然忘我的心理状态。

3.2.2.3 影响主范畴的形成

在对访谈数据编码过程中可发现，绝大多数受访者均表示影响是个体的交通体验形成及加工的重要因素之一。例如：

R011：有一次我骑共享单车，刹车故障害我重重地摔了一跤，以至于很长一段时间我都不敢再去骑共享单车。（难忘事件、再现记忆）

R313：有一次我坐公交车，车的尾部突然起火了，由于车里人很多，下车的时候人挤人，后来驾驶员用灭火器把火熄灭了，我们又去另一个地方等车。（难忘事件）

R204：我第一次独自出远门，从老家到重庆，一路上都很胆怯，到了一个地方不知道怎么走就问路人，他们都会耐心地告诉我。搭乘地铁询问出口时，由于当地方言难懂，我觉得自己好像到了国外一般。（自我形象）

R248：和朋友在街上、商场或者广场上闲逛，不特意去哪，不怎么买东西，说说笑笑漫无目的地晃悠，渴了就买点奶茶然后继续逛，这是我理解的体验式出行。（再现记忆）

R120：有一次，我心情不好，随便乘了学校门口的公交，随机下站，吃到了好吃的卷饼，心情也好了许多。（情绪调节）

R079：在孩子4岁时带他去了北京，这是孩子记事以来第一次坐高铁，之前他通过绘本了解过一些关于北京、高铁和旅游等方面的知识，这次算是实践了。（增进关系、认知积累）

R028：如今时代的发展，无论是旅游还是回家，都变得方便很多，有高铁、飞机或者汽车等交通工具供我们选择，虽然有时堵车不可避免，但是整体来说出行的体验变得越来越好了。（认知积累、个人满足）

R317：去英国的一个目的是参加学术会议，另一个目的是体验异国他乡的人文风情。（认知积累、个人满足）

R177：高考结束后的暑假，由于我没有坐过飞机，就想着趁假期体验一次，跟爸妈商量之后就准备坐飞机去香港玩。接着我去公安局办了港澳通行证，这一步感觉还是挺麻烦的，因为要为了出行特地去做一件事。（自我形象、认知积累、难忘记忆）

进一步挖掘分析发现，影响这一主范畴可以由7个对应子范畴构成，分别为：

① 难忘事件，即发生在交通中的一次令人印象深刻的事件。

② 再现记忆，即由于现在的某种交通服务中的情境和个体的某种记忆有相似之处，进而引发个体的记忆浮现。

③ 自我形象，即个体认为其所使用的某种交通服务是对自我形象的一种认

同和反映。

④ 情绪调节,即个体为了自我的情绪调节而接受某种交通服务。

⑤ 增进关系,即个体在交通服务过程中和他人的关系因某种联系得到了增进。

⑥ 认知积累,即个体使用某种交通服务是为了自我认知上的累积与拓展。

⑦ 个人满足,即个体在接受服务过程中得到的满足感。

3.2.2.4 环境主范畴的形成

在对访谈数据编码过程中可发现,绝大多数受访者均表示环境是影响交通体验主要因素之一。例如:

R163:有一次我用打车软件叫车,车没有什么特别的,但是司机非常风趣,在聊天过程中讲到某种方言的起源,与我们之前了解的差距很大,令人印象深刻。(社交场域)

R037:晚上最后一班公交车上只有我一个人,仿佛成了我的专车。我看着外面熟悉的街道,体会着只有我和司机在车上的这段行程,有种很特别的感觉。(沿途情境、社交场域)

R317:我印象最深刻的是乘坐飞机去英国参加学术会议,在出关的时候,机场工作人员耐心地用英语和我交流。(社交场域)

R313:在回老家的路上,我坐在爸爸的车上,享受那一段路程。家乡越来越好,路上不再那么坎坷泥泞,曾经低矮的房屋大都重新刷过漆。农村的绿植很多,我的眼睛得到了很好的放松。(沿途情境)

R204:我第一次独自出远门,从老家到重庆,一路上都很胆怯,到了一个地方不知道怎么走就问路人,他们都会耐心地告诉我。搭乘地铁询问出口时,由于当地方言难懂,我觉得自己好像到了国外一般。(地理位置、社交场域)

R156:青岛的环海公交,主要是为了照顾游客,车上面的各种装饰也很应景。(地理位置)

R168:澳门轻轨的首发可以免费乘坐。车站和车辆都非常新,站内的导视牌指示明确没有歧义。站内有工作人员帮助刷卡、指引路线和辅助乘坐,非常贴心。车辆内部干净通透,沿途可观赏澳门的景色,大人和小孩乘坐时都非常开心。(地理位置、沿途情境)

R329:青甘大环线展现了草原—荒漠—草原的高海拔戈壁荒漠之景。我们全程自驾出行,没有任何目的地,每天的食宿也不固定,开到哪里就住哪里,走到哪里就吃到哪里,整个行程约 2 600 千米。这里的风景都在路上,我们不去人多的景点,也不去网红打卡地,只去风景最美的地方和有历史文化气息的地方。唯一的缺点就是太累了,我们每天都要行驶将近 600 千米的路程。还好整个旅行

中都是晴天,我们的体验非常棒。(地理位置、沿途情境)

进一步挖掘分析发现,环境这一主范畴可以由 3 个对应子范畴构成,分别为:

① 社交场域,即处在同一交通情境中的个体按照特定的逻辑而共同营造出的隐藏的社会关系,个体之间相互影响。

② 沿途情境,即个体在交通过程中观察和感受到的周遭环境以及相关事物的集合。

③ 地理位置,即个体使用的交通服务所处的特有位置和地理属性。

3.2.2.5 设施主范畴的形成

在对访谈数据编码过程中可发现,绝大多数受访者均表示设施是影响交通体验的主要因素之一。例如:

R168:澳门轻轨的首发可以免费乘坐。车站和车辆都非常新,站内的导视牌指示明确没有歧义。站内有工作人员帮助刷卡、指引路线和辅助乘坐,非常贴心。车辆内部干净通透,沿途可观赏澳门的景色,大人和小孩乘坐时都非常开心。(风格统一性、智能化程度、无障碍)

R011:有一次我骑共享单车,刹车故障害我重重地摔了一跤,以至于很长一段时间我都不敢再去骑共享单车。(设施安全性)

R313:有一次我坐公交车,车的尾部突然起火了,由于车里人很多,下车的时候人挤人,后来驾驶员用灭火器把火熄灭了,我们又去另一个地方等车。(设施安全性)

R055:乘地铁去鸡鸣寺非常方便,中途转两次地铁就好了,在站内就可以直接转,出了站直接就到目的地了。(设备效率、无障碍)

R207:现在乘坐高铁用身份证过闸上车非常方便,但是对于公务出差人员来说,他们需要到取票机那自行打印车票,机器每个流程的反应都比较慢,经常会出现乘客排队取票的情况。(智能化程度、设备效率)

R311:现在出行非常方便,尤其是我们老年人,以前想上哪去都要等孩子有空才能开车带去,现在只要在手机上预约出租车一会就到非常方便,感谢平台!(智能化程度)

R017:这几年公交车司机会根据自己的喜好和心情装饰车辆。有一年冬天我坐了一辆公交车,内部挂满了仿真藤蔓和花朵,扶手上还包裹着绒布,这样乘客抓握时不会再感到冷冰冰的。(风格统一性)

R096:我第一次坐京沪高铁的商务舱时,发现舱内和驾驶室仅用一块玻璃隔开,且这块玻璃是电子玻璃。如果想看前方的风景或是保证舱内的隐私性,便可以按下按钮,这样玻璃便不再透明。(智能化程度)

R277：香港叮叮车的上下车顺序和地铁差不多，乘客从后门上车，到站从前门下车，下车时支付车费。支付方式只有两种：一种是投币，且不找零钱；另一种是刷卡，我忘了卡叫什么名字，总之是香港特有的交通卡。不能用微信和支付宝的感觉真的不好。（无障碍、智能化程度）

R013：澳门的公交车上有停车呼叫按键，如果没有人按，司机会直接忽略该站点疾驰而过。公交车内还有免费 Wi-Fi 与 USB 接口。遇到坐轮椅的乘客时，司机会让车身向路边倾斜，便于轮椅上车，非常贴心。（设备效率、智能化程度、无障碍）

进一步挖掘分析发现，设施这一主范畴可以由 5 个对应子范畴构成，分别为：

① 风格统一性，即车辆内部自身特有的装饰性元素。

② 安全性，即相应设施的可靠性及安全性。

③ 设备效率，即交通服务中相关硬件设备的运转效率。

④ 智能化程度，即人们所接触到的设备的智能化、科技感等。

⑤ 无障碍，充分考虑设备的通用性，使得各类人群使用和操作过程没有障碍。

3.2.2.6 服务主范畴的形成

在对访谈数据编码过程中可发现，绝大多数受访者均表示个体所接触到的服务是影响交通体验的主要因素之一。例如：

R168：澳门轻轨的首发可以免费乘坐。车站和车辆都非常新，站内的导视牌指示明确没有歧义。站内有工作人员帮助刷卡、指引路线和辅助乘坐，非常贴心。车辆内部干净通透，沿途可观赏澳门的景色，大人和小孩乘坐时都非常开心。（员工技能、服务流程、信息提供）

R323：新冠疫情的时候，没戴口罩的人不能乘坐公共交通工具。（交通政策）

R177：高考结束后的暑假，由于我没有坐过飞机，就想着趁假期体验一次，跟爸妈商量之后就准备坐飞机去香港玩。接着我去公安局办了港澳通行证，这一步感觉还是挺麻烦的，因为要为了出行特地去做一件事。（交通政策）

R227：到了香港之后，我坐过最多的交通工具就是地铁。香港的地铁线分布很广、很细，一般想去哪里只需要坐地铁就行。原本以为在香港打车只要招手的士就会停下，结果我在路边怎么招手都没有车停，后来才知道要到特定的的士站打的，在这一方面感觉还是内地的打车方式更方便。香港有一种交通工具叫作“叮叮车”，以前只在电影里见过，和内地的公交车差不多，但上下车的顺序和内地公交车不同。（交通政策、服务流程）

R033:登机以后飞机不会立刻起飞,需要等待一段时间,工作人员会一一检查旅客的行李。行李要尽量放在上方柜子里,或者旅客的脚边,之后乘务员会向旅客展示一些防护工具的使用方法。起飞前,乘务员会提醒旅客将手机调至飞行模式或者关机。经济舱有点吵,不知道头等舱怎么样。如果坐飞机刚好赶上吃饭时间,乘务员会为每一位旅客送上餐食。我第一次坐飞机时吃得还不错,后面几次感觉一般。总之,第一次坐飞机的体验就是服务好、速度快。(员工技能、服务流程、乘客餐饮)

R013:南京高铁站内的鸭血粉丝让我印象深刻,我有几次出差特地选择提前到车站,就是为了留出时间在站内吃它。(乘客餐饮)

R045:国际航班因飞行时间长,舱内会有非常丰富的影音系统,拖鞋和毯子一应俱全,空姐还会时不时地贴心询问。(车内娱乐、员工技能)

R317:我印象最深刻的是乘坐飞机去英国参加学术会议,在出关的时候,机场工作人员耐心地用英语和我交流。(员工技能、信息提供)

R163:有一次我用打车软件叫车,车没有什么特别的,但是司机非常风趣,在聊天过程中讲到某种方言的起源,与我们之前了解的差距很大,令人印象深刻。(员工技能)

R011:成都的景点众多,地铁导视系统和问询台会根据地面上的景点方向进行标注,很方便。(信息提供)

R158:现在在滴滴上叫快车有种拆盲盒的感觉,经常坐到不同品牌的新能源汽车。有一款车内饰特别酷炫,有一整块大屏幕,还有360°倒车影像和全景天窗。(车内娱乐)

R328:有一次我使用滴滴出行,司机非常贴心,得知车上有人容易晕车,就开得很慢很稳。(员工技能)

进一步挖掘分析发现,服务这一主范畴可以由6个对应子范畴构成,分别为:

① 交通政策,即交通有关部门规定的相关范围内人员应遵守和履行的流程规范及准则。

② 服务流程,即为满足乘客需求而在相关业务活动中有序排列组合的服务功能。

③ 乘客餐饮,即交通服务范围内所包含的餐饮提供。

④ 车内娱乐,即交通工具内部所配备的娱乐系统供乘客使用。

⑤ 信息提供,即通过相应的媒介诸如标识、电子屏幕、闻讯台等给人们提供有价值的信息。

⑥ 员工技能,即交通服务的相关从业者如驾驶员、乘务员或引导员等所具

备的专业能力。

3.2.3 选择性编码

选择性编码即三级编码，也被称为“核心式登陆”或“选择式登陆”。选择性编码通常是在主轴编码的基础上，进一步分析和挖掘范畴和范畴之间的关系。它是一种系统的分析方法，是从主要范畴中进一步挖掘核心范畴，从而系统地梳理核心范畴与其他范畴的相互关系。而核心范畴是指在持续的比较分析中被证明对其他大多数范畴具有统领性的范畴，它一般能清晰地描述大多数范畴之间的相互关系，并能将大多数范畴囊括在一个理论框架内。

本研究通过持续对比分析及深度挖掘，并进行选择性编码后，所形成的各主要范畴的典型相关关系结构如图 3-4 所示。

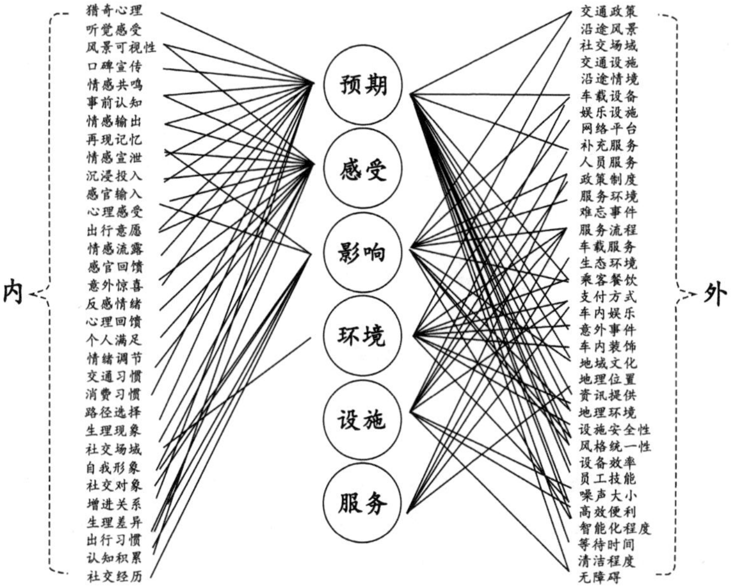

图 3-4 选择性编码结果

在预期、感受、影响、环境、设施、服务 6 个主范畴共同作用下综合形成个人的交通体验。其中，预期、感受和影响属于个人的内在因素，环境、设施与服务则是交通体验的外界影响因素。

3.2.4 理论饱和度检验

理论饱和度检验是指不再进行额外数据获取的情况下，将原先样本信息作为已产出成果的比照。本研究中的理论饱和度检验则为之前所预留的三分之一(183份)访谈记录的内容。经过比照发现,目前归纳的范畴可以很好地涵盖预留访谈中的信息,并没有新的范畴与关系出现。因此,本研究前期所进行的扎根分析在理论上达到饱和。

3.3 质化研究结果

在扎根理论研究的一般程序中,在开放式编码、主轴编码与选择性编码之后应进行理论框架模型的建构。本研究在经过相应的分析之后确定了核心范畴——交通体验因素,及其主范畴——感受、预期、影响、环境、设施、服务。根据访谈对象的阐述,梳理出了交通体验的影响因素与形成过程,具体如图3-5所示。

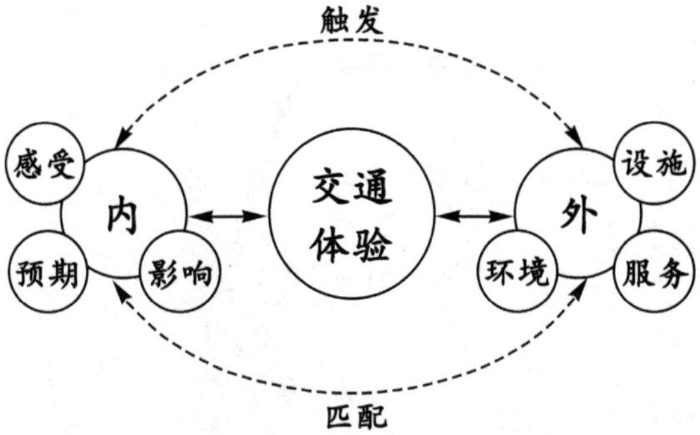

图3-5 交通体验影响因素作用图

交通体验的形成是一个复杂的动态过程,它由感受、预期和影响等内部因素以及设施、服务和环境等外部因素在相互触发和匹配的过程中逐步构建而成。例如,当个体搭乘某种新兴交通工具(如磁悬浮列车)时,其运行的平稳度、运输的时效性、设备的新奇度、服务的完备性以及周围的景观等外部因素,会共同作用于个体的多感官系统,形成个体的综合感受。将这些感受与个体之前对该交通工具的预期感受进行匹配,匹配程度的高低会引发不同的情感反应,如失望、满意或惊喜,从而对个体产生不同程度的影响。这一过程构建了个体的交通体验。基于以上的质化研究,本研究将交通体验定义为:个体在交通过程中,通过与交通服务、设施和环境的互动,所产生的一系列感受、认知和情感反应的总和。

为了更好地理解交通体验的形成,可以将感受、预期、影响、环境、设施、服务等因素作为一个卡片分类的参考模型。这些因素不仅有助于人们理解交通体验的形成机制,还可以作为设计交通体验的指导框架。然而,目前的研究中尚未提出具体的要素模型，因此在指导体验设计方面还存在一定的不足。

因此，为了弥补这一不足，本研究将邀请设计学界的相关教授、学者和研究生，基于本章所提出的交通体验的影响因素，进行进一步的梳理和细化。通过这一过程，希望能够产出具有实际指导意义的模型工具，为交通体验设计提供更加明确的方向和方法。这种模型工具将有助于设计师在实际项目中更好地考虑和整合各种影响因素，从而创造出更加丰富和积极的交通体验。

3.4 本章小结

交通体验到底是什么？本章的核心内容是通过质化研究的方法对交通体验进行定性分析。

第一部分阐述了质化研究设计的方法与过程，介绍了数据的收集和分析方法，并通过问卷和访谈得到扎根编码的原始数据。

第二部分通过扎根编码的程序对问卷结果进行逐级提炼，得到 6 个主范畴以及 34 个子范畴，并逐一解释说明；同时，进行了理论饱和度的检验。

第三部分对 6 个主范畴之间的关系进行阐述，对交通体验进行定义，也为下一章构建交通体验的要素奠定基础。

4 交通体验的要素与模型

本章的核心目标是从设计学角度，利用卡片分类法整理出交通体验的构成要素。第一部分介绍实验的方法和三次分类实验的过程，并进行三次分类结果的解说，得出交通体验的6个要素：载体、期许、连接、意义、价值、进程。第二部分分别对6个要素及其子要素进行解释，结合调研中访谈者的采访数据以及哲学、心理学、行为学等相关知识进行说明。第三部分对这几个要素之间的相互关系进行解释。第四部分以高德地图作为典型案例，采用文献研究、问卷、访谈的研究方法对交通体验要素进行分析验证。

4.1 交通体验要素的提炼

4.1.1 研究方法

本阶段主要采用卡片分类法将上一章收集到的交通体验影响因素进行归纳分类，建立体验要素的模型。卡片分类法是用卡片这个物质载体，帮助人们进行思维呈现、梳理、交流的一种方法。在目前的设计研究中，卡片分类法主要用于信息分类整理，也可以结合一些信息分析的方法使用（戴力农，2014）。卡片分类法可以分为开放式卡片分类法和封闭式卡片分类法。本阶段研究主要采用开放式卡片分类法。开放式卡片分类法主要依赖参与者的逻辑思维，是一种完全探索式的操作。卡片分类法归纳要素的原理过程见图4-1。

在上一阶段中收集到的交通体验的影响因素很多，而且维度不同。因素中有些客观描述事实的词汇，如参与者得到了某种信息很好地完成了任务（购票等），那么信息提供就可以成为一个影响体验的因素；也有一些词汇是主观产生的情感，如新奇、失望、满足等。要寻找和梳理出同一维度的要素就需要对收集来的因素做归纳整理，如果要素的维度不同会导致概念之间相互涵盖重叠，衡量的方面也不在一个维度，导致要素之间没有可比性，没有衡量交通体验的参考价值。因此，本研究运用卡片分类的方法主要是为了获取一些交通体验要素的分类逻辑。在和参与者一同分类的过程中寻找交通体验要素的线索，在这个过程中还可以观察到被测试的普通用户和专业人员对体验的理解。

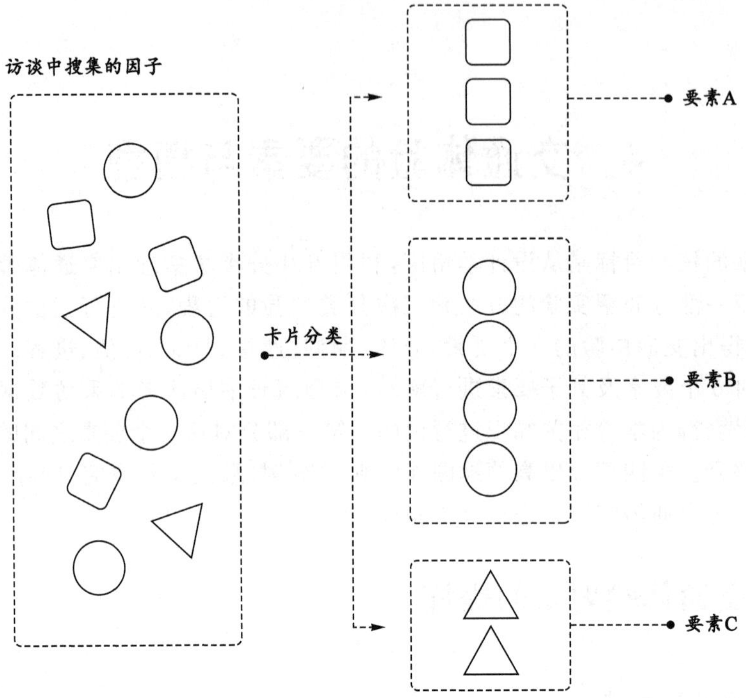

图 4-1　卡片分类法归纳要素的原理

4.1.2　体验要素模型的建立

交通要素的抽象和整理需要进行反复的推敲验证和聚类整合，很难通过一次分类就得出稳定的分类方式。为了获取相对稳定的要素模型，共开展了 3 次关于交通体验的卡片分类研究。

4.1.2.1　第一次卡片分类的过程及结果

第一次卡片分类的展开时间是 2020 年 6 月 20 日下午 2 点整。笔者邀请徐州工程学院设计专业的 5 名教师以及 5 名设计专业在读本科生，在敬德楼专业教室内共同参与这次分类过程，具体参与者的相关信息见表 4-1。

(1) 具体要求

将上一阶段产出的 34 个体验影响因素写到卡片上，让实验参与者们根据自己接受交通服务的经历和感受对因素卡片进行一定逻辑上的分类，分类过程中可以展开讨论。

表 4-1 第一次卡片分类参与者信息

姓名	研究方向	身份	姓名	研究方向	身份
陈老师	产品设计	副教授	杨同学	产品设计	大三学生
谭老师	交互设计	讲师	徐同学	产品设计	大四学生
刘老师	交互设计	副教授	田同学	交互设计	大三学生
周老师	产品设计	讲师	许同学	交互设计	大三学生
郭老师	环境设计	教授	张同学	视觉传达	大四学生

(2) 实验设备

笔者事先将前文得出的影响因素写在卡片上,允许实验参与者在进行分类的过程中对影响因素进行细微的调整和删减。

(3) 实验过程与结果

在第一次卡片分类的进程中,实验参与者们所提出的分类维度多样,大家各有观点和见解,虽然不够完备,但是对研究也有一定的启发作用。笔者可以从不同的分类方式中寻找体验要素的相关线索,经过不断地甄别思考,第一次卡片分类结果见图 4-2。这次分类的逻辑为:交通体验是个体对所接受的交通服务的期许与该交通服务在实际过程中的表现,以及由二者之间的差异而产生的感受。交通体验中的惊喜、意外、失望、困惑、平淡等情感都是由于出行者的期许和实际交通服务的表现匹配度的情况形成的。这次分类在要素的演变上也作出了推进,对第 3 章的基础模型中的几个要素进行了拆分和合并。感受和预期合并为期许要素,包括目的、动机和需求;设施、服务和环境合并为表现要素,包括审美、通用性、回馈、参与度;刺激、惊喜、吸引力、愉悦、安全感、有意义、记忆深刻、有价值等因素合并为影响要素。个别要素更加具体,对设计的参考意义更大了。

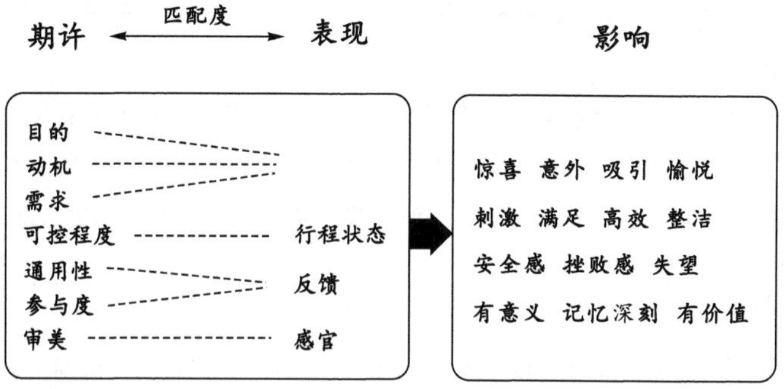

图 4-2 第一次卡片分类结果

(4) 结果评估

由于是第一次分类实验,得出的结果并不稳定,个体的期许要素和交通服务的表现要素的对应关系不太全面,并且分类完成后还有很多前期搜集的因素无法被涵盖其中,不是所有的体验因素都适合这种匹配关系来解释和衡量。个体对交通服务的需求目标可能对应着多种表现形式,如导航系统的回馈、响应,交通工具的功能等。各个要素之间的关系比较复杂,无法形成一个清晰的要素模型。所以,在第一轮要素整理的基础上,研究进入了第二次卡片分类阶段。

4.1.2.2 第二次卡片分类的过程及结果

第二次卡片分类的展开是在 2020 年 12 月 3 日上午 10 点 30 分。笔者邀请四川美术学院设计学院的 4 名教师以及 6 名设计专业在读研究生,在绿色工作室内共同参与这次分类过程。具体参与者的相关信息见表 4-2。

表 4-2 第二次卡片分类参与者信息

姓名	研究方向	身份	姓名	研究方向	身份
吕老师	体验设计	教授	邓同学	服务设计	研二学生
吴老师	绿色设计	副教授	王同学	体验设计	研二学生
王老师	服务设计	副教授	毛同学	体验设计	研二学生
罗同学	交通工具设计	研一学生	黄同学	体验设计	研二学生
张同学	交通工具设计	研一学生	陈同学	体验设计	研二学生

(1) 具体要求

卡片内容是接触交通服务之后个体产生的感受,实验参与者可以写出自己印象深刻的交通体验,用词语进行描述。然后对这些词语进行分类,分类逻辑可以参考第 3 章总结出的基础模型和第一次卡片分类的实验结果。

(2) 实验素材

前期得出了 40 多个因素卡片以及实验参与者新增加的词语卡片,实验允许参与者在分类过程中对卡片进行适当的调整和删减。在第一次卡片分类时,由于卡片上的影响因素过于简短概括,导致参与者理解困难,所以这次在卡片中分别标注每个因素的相关解释。

(3) 分类依据与结果

第二次卡片分类的主要目的是从已经准备好的素材中,把交通体验的一级要素抽象出来。在这个过程中,笔者主要借鉴了亚里士多德(Aristotle)提出的戏剧学、叙事学的三要素概念,即形式、内容和媒介。人们体验的概念和戏剧学、叙事学有着千丝万缕的关系，甚至从深层次来看，体验（体验设计）和戏剧学、叙事学在本质上有某种共通性。关于这一点，我们可以从不同的学者观点中得到佐证。例如，派恩（2008）就在《体验经济》一书中提到，体验的设计从某种程度上来说可以学习剧本和编写的构思，因为一部戏剧是由开始、发展、高潮和结束4个部分组成的，这一点在体验设计上体现得非常明显。”再如，辛向阳（2014）在肯尼斯·伯克（Kenneth Burke）提出的戏剧学五位一体理论的启发下，提出了交互设计（与体验设计密切相关）五要素，即用户、场景、媒介、行为和目的。还有学者认为，人机交互其实就是人与机器之间的一段社会戏剧的表演，或是社会故事的发生与发展。因此，在人机交互中产生的体验、感受和情感等内容从本质上与戏剧学、叙事学中的体验、情感等内容没有本质上的区别。基于上述原因，笔者对参与者进行了理论梳理及解说，通过工作坊的卡片分类、焦点小组讨论、意见统一等环节，与参与者一起整理出了交通体验的4个一级要素，分别为：内容（content）、形式（form）、载体（vehicle）和影响（influence），见图4-3。

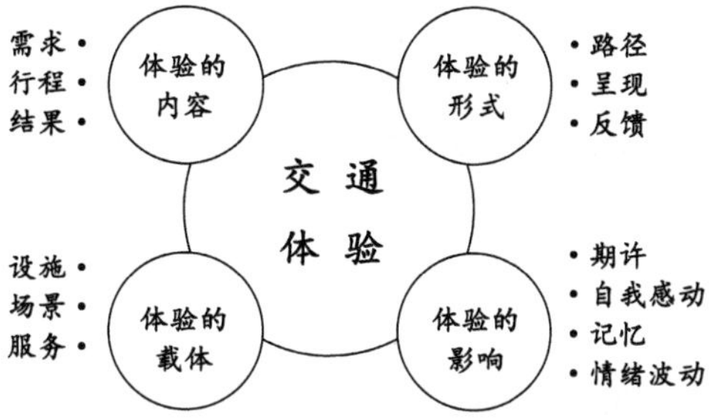

图4-3 第二次卡片分类结果

体验的内容是指个体想要体验的是什么，他的需求、行程以及最终结果；体验的形式是指上述内容实现的路径、呈现的效果、反馈的程度是以何种形式而展开的；体验的载体是指实现个体交通过程的工具或服务，包括设施、场景、服务；体验的影响是指体验带给个体的作用和变化。

（4）结果分析

第二次卡片分类过于依赖前人的分类方法，生硬地将影响因素套入其中，却发现要素无法很好地涵盖和解释其概念，如人们体验的过程、相关的场景以及所产生的相关感受，既可以说是体验的对象，也可以理解为体验的内容，甚至可以是体验所带来的影响。还有，体验的载体和内容也会在不同情况下进行转化，实现体验的载体可以是体验的内容，如车内的硬件设施可以是体验产生的载体，同时也存在呈现布局、顺序等体验形式上的问题。基于上述不清晰的分类结果，还须进一步展开第三次卡片分类实验。

4.1.2.3 第三次卡片分类的过程及结果

第三次卡片分类的展开是在2021年4月20日下午3点整。笔者邀请10名澳门科技大学设计艺术学博士生参与分类实验。其中一位参与过第二次卡片分类实验，笔者将前期研究的线索和成果带入到这次的卡片分类中，以保持研究思路的一致性。第三次卡片分类参与者的信息见表4-3。

表4-3 第三次卡片分类参与者信息

姓名	性别	职称/年级	姓名	性别	职称/年级
许同学	女	副教授/博三	郭同学	男	副教授/博三
孙同学	女	讲师/博三	崔同学	男	无/博三
张同学	女	讲师/博三	王同学	男	助教/博三
宋同学	男	教授/博三	张同学	男	教授/博三
张同学	男	教授/博三	刘同学	男	副教授/博三

(1) 具体要求

卡片内容是参与者接触了让自己印象深刻的交通服务后而产生的感受，笔者引导参与者回忆某种记忆深刻的交通经历，并写下代表当时感受的词语，继而将这些词语进行分类，分类逻辑参考之前的研究成果。

(2) 实验素材

实验素材包括上一阶段体验因素的卡片；第三次实验参与者的手写体验感受卡片。

(3) 实验过程

10位参与者分为两组：第一组由先前参与过实验研究的人员进行分类引导，第二组由笔者进行引导。之后将两个小组的分类结果一起讨论，整个实验过程耗时近两个小时。

(4) 第三次卡片分类的结果

随着讨论的深入和研究的推进，第三次卡片分类对要素的抽象和提炼趋于稳定和全面，得出载体、期许、进程、连接、意义、价值6个要素，体现了交通体验是个体在接受交通服务时与载体交互而产生的，体验价值的高低与人们对该交通服务的期许，以及在相应的进程中个体与交通服务所产生的连接，是否能对个体产生意义，以及意义产生后对个体的价值高低，都将直接影响个体是否会重复使用该交通服务。模型的产生有利于理解一个完整的体验。第三次卡片分类的结果见表4-4（因为价值要素贯穿于所有要素之中，所以表中未将价值要素标出）。

表 4-4 第三次卡片分类结果

一级要素	二级要素	影响因素
载体	设施	通用性
		人机尺度
		色彩
		材质
		造型意象
	服务	信息提供
		符合常识
		政策法规
	环境	沿途风景
		地理位置
		社交场域
期许	动机	外部动机
		内部动机
	目标	任务目标
		体验目标
		人生目标
	期望值	口碑宣传
		品牌基因
		简介印象
		预先估计
		事前认知
进程	节奏	强度
		重复性

一级要素	二级要素	影响因素
进程	节奏	持续性
	呈现	视听风格
		可识别度
		内容展现
	反馈	反馈形式
		反馈速度
	参与	认知参与
		情感参与
		行为参与
连接	载体	设施
		服务
		环境
	人	个人
		群体
意义	情绪波动	愉悦
		意外
		震惊
	记忆	回忆
		印象深刻
	自我改变	开阔眼界
		形成黏性
		改变交通方式

4.2 交通体验要素模型——V-CEPM-V

通过调研总结出了交通体验要素的模型——V-CEPM-V，该模型名称源于6个一级要素的英文单词，分别是：载体（vehicle）、期许（expectation）、进程（progression）、连接（connecting）、意义（meaning）、价值（value）。每个一级要素由若干个不同的二级要素组成：载体要素包括设施、服务、环境；期许要素包括动机、目标、期望值；进程要素包括节奏、呈现、反馈、参与；连接要素包括人与载体的连接、人与人的连接；意义要素包括情绪波动、记忆、自我改变；价值要素包括经济价值、社会价值、技术价值。

6个要素之间不是简单的过程性关系，有着体验的不确定性及个体化差异特征，本节将对这些要素逐一展开论述。

4.2.1 载体要素

载体是人们进行空间移动行为时接触和使用到的有形的物理设施和无形的服务在特定环境下的综合体。

载体要素在交通体验中是最基本的要素。人们要想实现自身的空间移动行为，必须借助相应的设施及服务，并借由设施与服务相关的环境一同作用于出行者，在此统称为“载体”，见图4-4。载体是人们实现空间行为的前提条件，是人们产生交通体验的必要基础。

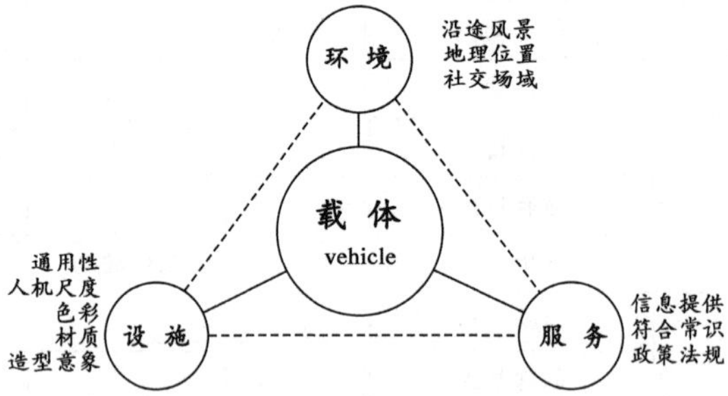

图4-4 交通体验的载体要素

4.2.1.1 设施

本研究中所指的设施是指人们在实现空间移动行为时直接接触或潜在接触到的有形的物理设施，包括且不仅限于各类交通工具、站台、候车厅、电梯、导视牌、售票机、站内文化墙、宣传栏、问询台、安检设备、检票设备、护栏等，一切人们在交通过程中有可能接触或使用到的有形的物理设施。

在交通设施正常运转的情况下，人们每日通勤往复搭乘同一班地铁，交通设施并不能有效地触动他们，他们甚至大部分时间对周遭的一切都漠然无视，交通体验非常平淡。但倘若他们去了别的城市，看见了穿楼轻轨、彩色扶梯等诸如此类和往日设施差异较大的设施，便会产生兴趣，甚至发布到网络上，这也因此成为其一段特殊的交通体验。图4-5是2021年开通的上海15号线吴中路地铁站厅，由申通公司设计建造。设计师将宏伟的拱形结构当作一个展示上海改革开放城市建设的展厅，将站厅地面意想为黄浦江，拱形结构的两侧是浦东和浦西壮观的城市景象，反映出上海壮美的未来。两侧是LED灯组撑起的上海超高地标建筑群剪影，吸引无数人前往体验。

图4-5　上海15号线吴中路地铁站

4.2.1.2　服　　务

载体中的服务是指人们进行空间移动行为时接触和使用到的服务的集合。服务包括但不限于各类出行软件、购票系统、导航系统、站内服务、车乘服务等在规范和限制交通过程中的相关政策法规下的综合性服务。

人们在使用出行软件时对体验的描述主要体现在信息提供、符合常识以及政策法规等方面。

以哈啰出行为例。若想借用一辆哈啰助力车，前提是先下载相应的App，然后按照应用软件界面的提示逐步进行登录、定位、扫码等一系列操作。操作流程要符合人们的一般使用常识，以减少不必要的操作步骤和降低误操作率。在借用成功准备骑行时，由于政策法规的要求，骑行电动助力车必须佩戴安全帽，所以每一辆哈啰助力车车框内都有着预先配备好的安全帽(见图4-6)。

图4-6　哈啰助力车

4.2.1.3 环　境

环境是指人们在接受交通服务时所涉及的沿途风景、地理位置以及与他人之间的社交场域。

人们使用交通服务主要是为了实现空间的位移行为，这个行为并非一瞬间的，而是过程性的。在空间的移动过程中，人们所看到的沿途风景以及相应设施所处的地理环境，甚至车内其他成员所共同营造出的社交场域都会给个体带来不同的交通体验。访谈中有关环境的描述如下：

每到春天，云龙湖东岸的十里杏花盛开，十分迷人，上班途中经过这条路都让我觉得春意盎然，心情愉悦。（沿途风景）

冲着中国最深地铁站而来打卡重庆6号线的红土地站，光乘坐扶梯一直向下就感觉无穷无尽了，最后也没数清楚坐了几次扶梯才到最下面一层，哈哈。（地理位置）

在公交车上，后座的阿姨不停地大声讲电话，最后还因为其他乘客对她不满而引发争执，还没到我的站点，我就赶快下车了。（社交场域）

4.2.2 期许要素

期许是指人们在接受交通服务之前或过程中，根据自己以往的经验及个体的需要，对交通服务存在的事前期待和预估，对相应服务设置的期望值。期许源于个体内在或外在的动机，人们总是渴求满足一定的需求并设法达到自己预设的期望值。这个目标尚未实现时，则表现为期许（辛向阳，2019）。这个目标会对人们的动机形成一种激发力量，从而激励人们为之产生相应行为。

期许是交通体验中不可忽略的部分，在本研究和之前的相关研究中都揭示了期许的重要性。因为很多情况下，用户体验的好坏不是由产品单方面的表现决定的，而是由用户预先的期许和产品表现之间的匹配程度决定的。

人们对交通服务的体验，并非由某种单一因素决定。体验的过程，是一个由人们对该交通服务的期许、交通服务的各个环节的表现、个体在参与交通服务过程中建构的关于“事件”的意义等多种因素共同决定的。因此，人们在选择继后的交通服务时，会综合考察自己的需求、对交通服务的感知经验、他人对交通服务的评价等多种因素，首先形成一种“期许”。在期许中预测该交通服务与自己需求的匹配程度，从而形成内部动机；预测交通服务提供商所能够给予的客观刺激，从而构成外部动机；预测交通服务的过程与形式，从而形成交通体验期望值；预测自己将要形成的交通体验，并在个人经验中设定预期的目标值。所以，期许是交通体验的最初阶段，也是推动体验过程非常重要的动力来源。期许要素构成如图4-7所示。

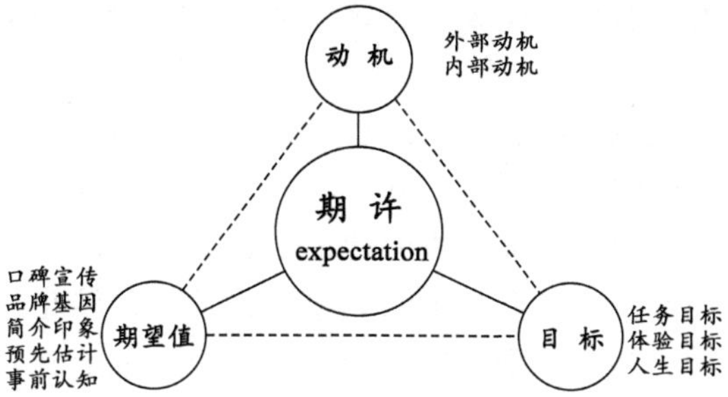

图 4-7 交通体验的期许要素

4.2.2.1 动　　机

动机是个体采取行动的第一步。杜威(2004)认为,体验的获得需要主体积极主动和真实参与,表明人不能以旁观者的身份而获得真实体验。人们会因为不想堵车而选择搭乘地铁;会因为感到压抑而选择出门散步。动机是一个动态概念,会因为外界的影响而发生改变,且个体行为的触发是多个动机共同作用的结果,如人们会因为想保持健康而多走路,也会因为微信运动中可以排名第一而尽可能多地选择步行。所以个体的走路行为是由内部动机以及外部动机共同触发的结果。

(1) 外部动机

外部动机也叫"控制动机",是由外界的一些诸如激励、刺激等因素使个体为实现某种目标而驱动自己去付诸行动的动机。人们进行空间移动行为的决策很大程度会由外部动机而触发,常见的触发分为奖赏性触发、人际性触发(Eyal,2015)。访谈中有关触发的描述如下:

刚使用滴滴出行软件的时候,每次都有大量的抵用券可以使用,近距离打车基本都不用额外付费了,那段时间我基本出门都是用滴滴打车软件来叫车,又方便又便宜。(奖赏型触发)

出了浦东机场,乘地铁和磁悬浮列车都可以到酒店,可是我没体验过磁悬浮呀,所以必须得试一试。我先是在车前合影了好几张,在车开起来后,我还特地给闺蜜开了视频直播。(人际型触发)

(2) 内部动机

内部动机又称"自主型动机",指个体行为的触发是完全由个体的意志所驱动的,符合个体价值观的、自我选择、自我认同、完全自发且不受任何奖赏和惩罚影响的动机。德西等(Deci et al.,1985)认为动机和个体的主动性成正比,个体的主动性越高,越容易激发内部动机。

只要出门，我都会尽量选择公共交通工具，家里虽然有车，但车站离家很近，搭乘方便。并且公共交通可以减少碳排放，对环境更加友好。（内部动机）

某种交通服务若想成为人们进行空间移动行为的首选，则需要实现由外部动机到内部动机的转化过程。德西等(2000)在关于人类需求与行为自我决定的研究中提出，从外部动机到内部动机的转化需要满足人的3种心理需要，分别是主动需要、能力需要和归属需要。主动需要是指动机的转化是符合个体意志而主动进行的过程；能力需要是指个体的能力可以轻松或恰到好处地实现动机的转化；归属需要是指个体和他人的关系归属于某类群体从而实现动机的转化。

4.2.2.2 目　　标

人们对交通体验的期许主要表现为3种目标：任务目标、体验目标以及尚未明确的人生目标(Alan,2014)。目标的不同带给个体的关注点和感受也不尽相同。例如，当公共汽车作为通勤的交通工具时，换乘的便利性、车站与家和单位的距离、整个车程的时间都是影响交通体验的重要因素；当公共汽车作为游客游览城市风光的工具时，前面所描述的有关时效性的因素反而不那么重要。访谈中有关目标的描述如下：

每天上班最方便的就是坐门口的公交车，20多分钟就到站了，方便、快捷又便宜，我非常满意。（任务目标）

从没有坐过磁悬浮列车，即使它的票价比地铁贵1倍我也要去坐一次。（体验目标）

川藏铁路沿途风景优美，仿佛朝圣一般，以后我一定要乘火车入藏感受一下。（人生目标）

4.2.2.3 期　望　值

期望值是体验者根据自身以往的经验和个体需求，对产品确立的心理目标或标准(辛向阳 等,2018)。当用户带着高期望值去购买交通服务的时候，用户体验中细微的不足都可能被放大，从而降低体验质量；当期望值较低的时候，体验者对体验瑕疵的容忍度提高，并在原本未必理想的过程中感受到美好。访谈中有关期望值的描述如下：

之前听说EVCARD共享电动汽车很方便，我好奇地想开一次，可是按照操作提示折腾了半天都没弄好，最后还电话咨询了朋友才开上车，真是郁闷。之前的新鲜感完全被挫败感淹没了。

EVCARD车内整洁程度一般，但是对比租车的价格，我已经很满意了，机动灵活还很方便。

期许要素中所包含的动机、目标、期望值是个体通过一定的心理准备，建构体验和创造故事的开始(辛向阳,2019)。

4.2.3 进 程 要 素

进程是交通体验中的重要环节。一辆车停在那里,它只是一个交通工具,不能称之为体验,只有当个体看到这辆车并对它产生一定的期许后,选择进入车厢并与之互动,在互动的过程中产生一些感受,体验才开始。当个体坐上座椅,感受到座椅的尺寸与材质,观看车内信息,整体感到舒适惬意,这样才带来了体验。没有人参与和互动的过程,体验是无法发生且不存在的。

进程作为体验的要素或者说体验的一部分是可以被设计的,如各个功能是如何安排的、它们的出场顺序是什么样子的,一个任务是如何开始和结束、任务的完成需要经历多少个步骤等。

交通服务中个体与载体的接触和互动多样且频繁,不管是接触有形的车辆、设施还是无形的操作软件,每完成一个步骤都要通过一系列的操作和互动才可以到达下一个环节或界面。在调研阶段,研究者搜集到大量的有关出行软件体验感的词语:反馈及时、操作流畅、易于理解、界面友好、方便高效、出乎意料等。例如,在使用 Uber 软件进行打车时,就有很多步骤:打开 App、定位当前位置或准备出发的地点、点击输入框、输入目的地位置、选择出发时间、选择车辆种类、点击确认,甚至在高峰期还需要有增加红包的行为。每一个功能的实现都需要相应的操作步骤,在这个进程中用户可能会遇到输入错别字、无法匹配、软件崩溃、匹配车辆较远、等待时间久等问题,使整个互动进程不够顺畅;同时,用户还会收到相应的反馈和提示。所以交通体验的进程是不断和载体进行互动的过程。根据卡片归类后的结果,进程要素及其二级要素的关系具体见图 4-8。

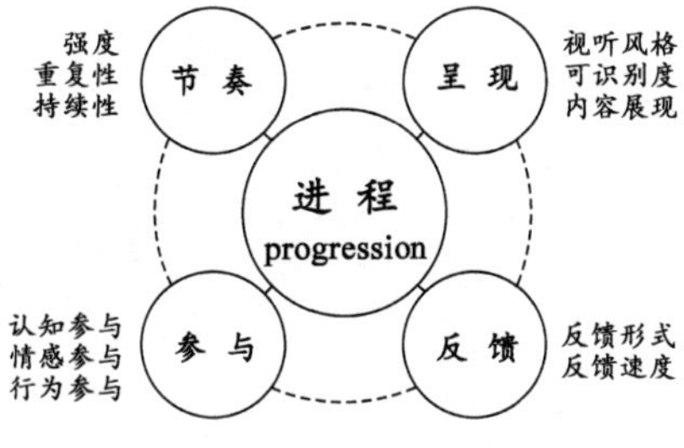

图 4-8　交通体验的进程要素

4.2.3.1 节　　奏

每个人都有自己的节奏。对节奏的研究常常结合“情感”和“体验”一起考虑。*Making Meaning: How Successful Businesses Deliver Meaningful*

Customer Experiences 一书中提出了体验的 6 个要素，分别为持续时间、强度、宽度、互动、触发点和显著意义。可见体验可以通过节奏来体现，并且节奏本身也是体验的一部分。

表 4-5 展示了访谈中人们对自己交通体验中与节奏有关内容的描述，这些内容体现了个体使用某种交通服务的频次、重复率、持续时间、影响强度等信息。笔者借鉴美国 THINK Interactive 公司的体验设计总监迈克尔·贝里曼(Michelle Berryman)在 2014 年 UX Australia 大会演讲中提出的关于时间节奏性的要素(见图 4-9)，并结合大会内容，将节奏的子要素归纳为：强度、重复性、持续性。

表 4-5 访谈中涉及节奏要素的描述

分类	访谈资料
强度	·有一次去香港迪士尼玩，坐的迪士尼专列地铁，整个车厢都是迪士尼的元素，扶手和车窗都是米奇老鼠的形状。这是我见到的最可爱的地铁。 ·第一次坐飞机时我特别激动，起飞和下降时我紧张得手心出汗、心跳加速
重复性	·我的上班时间很早，我每天都是乘坐最早的一班公交车上班，这样可以避免堵车，不会迟到。 ·我出门一般都是用“嘀嗒出行”打车。 ·我的单位和家离得很近，我坚持步行上下班，不仅方便还很健康，一路上还有风景优美的景观带。春天时花朵盛开，我会忍不住拿出手机拍照
持续性	·每到一个城市我都要去坐一坐当地的公交或地铁，感受这座城市的风光和地铁文化。 ·对于没体验过的交通工具，只要有机会我一定会去尝试

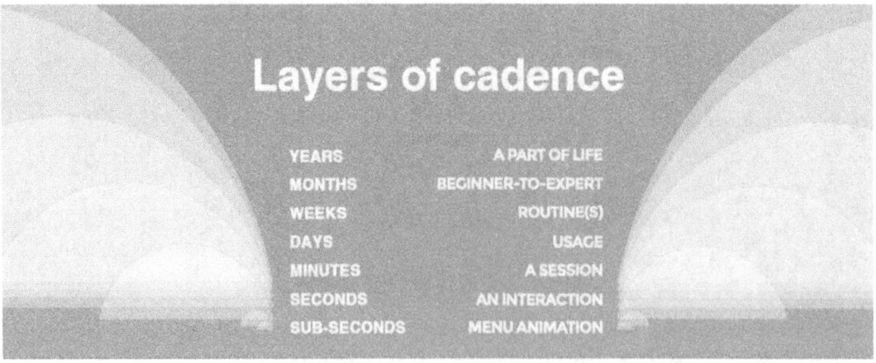

图 4-9 时间节奏性的要素

(资料来源：Michelle et al.,2014)

节奏的强度、重复性和持续性这 3 个子要素并非独立存在，而是互相影响和作用着的。例如，有人谈到对迪士尼的专列地铁印象深刻，并表示以后去香港还要再次体验乘坐。这个例子同时包含了节奏的强度、持续性和重复性。

4.2.3.2　呈　　现

交通体验的呈现是个体最直接接触和感知到的要素。拿出行软件来说，图形界面、页面层次、操作逻辑、音乐特效等都是呈现的方式。设计师要根据用户所需要的信息内容进行功能和形式特点的分布设计。呈现最容易激发个体的感受，刺激个体的感官并留下某种印象。除了视觉和听觉，其他感官上的呈现也同样重要(赵婉茹，2015)。交通服务带给个体的体验侧重点也不同，有一位受访者谈道："有一位 91 路的公交车女司机，不仅把车厢打扫得干净整洁，还特意喷洒香氛，遮盖了车内的其他气味。"这辆车内的气味就是被司机精心设计过的，通过气味的改变带给乘客不一样的交通体验。

呈现的形式和内容关系到体验最终如何被用户感觉到。在交通服务方面，有形的载体要考虑视觉和触觉方面的刺激，因为不同的材质和色彩所带来的感受是有差异的；无形的服务则要涉及更多视觉和听觉方面的刺激。图 4-10 中展示的几个出行 App 的开启页面，所呈现出的风格便不尽相同：掌上公交形态可爱、内容简单、使用方便；Uber 采用黑色调来表达科技出行公司的国际范儿；哈啰助力车以蓝白色调传达出共享交通的科技、清洁、可持续的企业内涵。软件的界面风格和图形布局、文字表达都只是呈现方式中的视觉层面，它还涉及交互方式、声效反馈等多个方面的内容，拓展到其他领域设计的因素更多。例如，当用户使用手机 App 对哈啰助力车进行扫码并开锁成功时，车辆会发出一串清脆的车铃声，并且手机软件的界面也会用旋转的动态图标显示同步的开锁信息与过程。解锁音效和哈啰助力车的铃铛响声如出一辙，相互呼应；车辆造型和软件风格共同传达出科技、环保的出行特征，在视觉、听觉及认知上共同强化了人们在使用时的体验。

4.2.3.3　反　　馈

体验中用户和载体的互动需要相互传达信息，不管是文字、图片、视频抑或暗示的符号等，都是信息的传达形式。反馈能够提供正在发生的情况的关键信息，以及为我们提供下一步操作的线索。没有这些反馈信息，很多原本简单的操作都会变得困难。适当的反馈可以造就一个令人愉悦或者成功的系统，否则可能是令人受挫和困扰的结局。在应用软件中，反馈可能是动态的进度条，可能是一个弹窗的信息，也可能是一段转场动画等。设计师会根据不同的情境设置合理且恰当的反馈形式。表 4-6 展示了访谈中部分涉及反馈的描述，根据访谈内

图 4-10　不同出行软件开启页面的风格对比

容整理后发现反馈可归纳为两类:反馈形式和反馈速度,它们均在不同程度上影响着人们的交通体验。

表 4-6　访谈中涉及反馈的描述

分类	访谈资料
反馈速度	·使用掌上公交时总是要先加载广告,我的手机也不慢,但是着急看车到哪的时候这几秒钟都让我不爽。 ·高铁站打印车票的自助机反应真是太慢了,每次去都要排长队
反馈形式	·扫描二维码后要等待一会,手机里响起车铃声,配合车子的锁自动弹起的声音,就明白车子已经解锁,我可以使用了。 ·蔚来车载的小机器人眼睛一眨一眨很可爱,跟它说话时它会用不同的表情回应你

等待是一种简单的活动,却会增加人们在接受交通服务中的焦急情绪。可以通过有效的反馈减少个体的挫折感和无聊情绪,帮助人们打发时间。例如,当飞机抵达目的地、乘客们到行李转运处等待各自的行李时,可以通过电子屏幕了解当前运送行李的进展情况:从飞机货舱搬到等待的运输车上,然后再被运输到航站楼,最后被放置在行李传送带上。整个过程清晰透明,让乘客可以看到原本看不到的后台操作,既有趣又消磨了时间。这里的等待时间是明确和直接的,而且反馈把令人讨厌的等待变成了个性化的过程。

4.2.3.4　参　　与

载体和个体之间需要不同的参与方式,才能实现交通体验。本研究将参与分为认知参与、情感参与、行为参与。

(1) 认知参与

交通体验中的认知参与是指人们在进行空间移动行为时通过观察、收听、与他人交谈等方式获得关于交通服务特征的相关信息。这种对于交通服务的认知形成及认知增长的过程，是人们进行空间移动行为时的重要形式。这种认知是出行者通过与交通服务的接触并产生兴趣而形成的。

认知是人们在感受输入(input)后的一种认知输出(output)状态。人的身体就好像是一个存在于世界中的信号“接收器”，外界信号通过刺激人的感官，再经由大脑将刺激转换为感觉信号，最后由经验输出为认知参与其中。亚里士多德在《灵魂论》(*On The Soul*)中就提出人类依靠5种感觉器官来感受事物，称为“五感”，分别为：听觉、视觉、味觉、嗅觉和触觉。然而认知参与并不是单纯的感受和单线性的接收过程，需要人们针对接收到的信息内容作出认知或思考的“反馈”。奈塞尔(Neisser)1967年提出“认知心理学”(cognitive psychology)的概念，将“认知”定义为对感觉输入的转化、储存、修复和使用的过程(王甦 等，2006)。

(2) 情感参与

情感参与是指人们在进行空间移动行为时与交通服务交互而获得的一种情绪活动状态。情感参与是出行者对交通服务感兴趣的一种表现，既有情感共鸣，也有沉浸忘我的情况。

此外，情感参与也有着主动参与和被动参与之分，在参与程度上也分为积极参与和消极参与，相较于认知参与和行为参与，积极的情感参与更能构成好的交通体验，进而实现反复乘坐和消费的现象。

(3) 行为参与

行为参与是指交通服务的接受者与他人在交通环境中进行行为互动和信息输出等方式。行为参与是个体在日常出行中对于交通服务作出的行为方式。例如，人们直接使用各类交通工具或服务完成出行任务。

4.2.4 连接要素

连接是指人们在进行空间移动行为时与载体和人之间的相互关系。前者是人与设施、服务、环境的连接；后者是人与人、人与群体的连接。连接要素只有考虑了人和载体以及人群的连接关系后才能产生意义(见图4-11)。

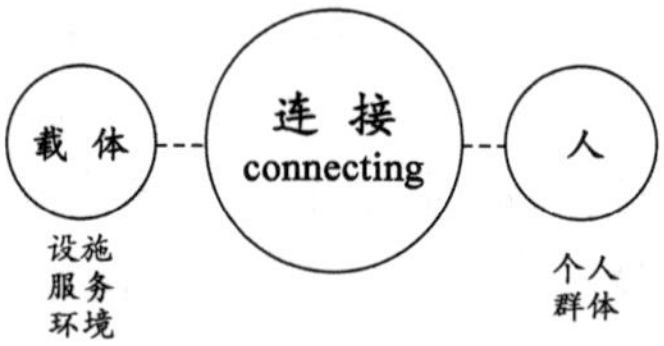

图4-11　交通体验的连接要素

4.2.4.1 人与载体的连接

两个节点之间，存在单向的传递或双向的交换即为连接。连接意味着物质、信息或情感的流动。载体中的设施与服务是人们进行空间行为的基础，人们通过思考、使用、感受、回忆产生与设施和服务相关的体验，人们通过认知参与、情感参与和行为参与实现了人和载体之间的连接。表 4-7 中展示了部分涉及人与载体连接的内容。

表 4-7 人与载体的连接

分类	访谈资料
与设施的连接	・座椅表面好光滑，每次加速启动时我的身子都会在座面上滑动一小段距离。 ・地铁里的扶手太高了，我这样小个子的女生只能抓握侧边的扶手，还经常被人靠着，导致无法抓握
与服务的连接	・车票打印机反应太慢了，屏幕还不好使，好多次都要用手使劲点击。 ・托运行李和安检处的标识提示不明确，我每次去机场都很紧张，越大的机场越紧张
与环境的连接	・我的小孩坐了几次地铁后就不愿意坐了，他觉得窗外总是黑漆漆的，没有意思。 ・每天乘坐通勤车去上班我都会闭目养神，唯独在春天经过云龙湖湖东路时，我会欣赏窗外的风景，十分优美

4.2.4.2 人与人的连接

人们在进行空间移动行为时，可以借助交通服务实现人与个人、人与群体的连接，发生互动进而创造意义。群体的揭示在本研究中指由同质群体和异质群体所组成的心理学群体。

（1）人与个人的连接

对我们每个人而言，在这个世界中诞生、成长、学习、旅行，经历悲欢离合、喜怒哀乐，活过、爱过、最后死去，这一切的意义和价值，因我们与他人、与周遭所有事物的连接而存在。与他人连接的数量、频次、程度、方式及整体拓扑结构等，也决定着我们的物理存在及精神存在状态（水木然，2016）。例如，使用 12306 软件预定火车票时，除了可以帮自己预定车票，还可以通过输入他人信息的方式为他人预定车票，应用软件的这项功能起到了与他人连接的作用。再如，一些采用光滑座椅表面的地铁，每当加速启动时，坐着的乘客会在惯性的作用下滑向侧后方的邻座，人们的心中或有尴尬，或有不安，或有惊喜，这都是人与人之间的连接。

（2）人与群体的连接

在科技的推动下，人与群体的连接正在变得越来越密集。1969 年，互联网诞生了。从加利福尼亚大学洛杉矶分校和斯坦福研究所的两台计算机连接成功开始，数以亿计的计算机从此可以相互连接、通信、协作，至此，人类进入了互联网时代。1993年，万维网正式免费开放。网页和网页通过超文本连接在一起，知识与信息在人类体验中，由平面到立体、由线性到巨网。2004年，Web 2.0作为一种潮流已被广泛讨论及实践。“开放、分享、参与”的理念最大限度地在大众中播撒，自电子公告牌（BBS）和网络新闻组（Usenet）出现以来，积累20余年的“虚拟小区”传统被进一步发扬光大。以“计算机”或“内容”为中心的观念已经不再符合游戏规则，“以人为中心”“人与群体的连接”才是时代精神。例如，拥堵是驾车过程中不可避免的事情，哪款导航软件能尽可能地规避拥堵，就能一定程度上获得驾车用户的选择。高德地图为此推出了“躲避拥堵”的功能，能提前告知司机拥堵路段，并规划最佳路线。然而事物没有十全十美的，高德地图的拥堵功能有时也并不尽人意。在高德地图对路况数据收集不全面、上传不及时以及集体选择悖论下，司机被导航到泥泞的乡间小路，最佳路线更拥堵等现象经常发生。为了安抚司机堵车等待的焦躁情绪，高德地图于2021年推出了“拥堵圈”功能，让司机堵车时能和附近的“堵友”自动加入公频聊天，这一功能实现了人与群体的连接。

通过建立人与人、人与群体的连接，交通服务继而有了意义。

4.2.5 意义要素

意义要素是指交通服务对个体或个体所在群体心理和生理上的感受以及可能造成的情绪波动，包括愉悦、刺激、失望等感觉，在沉淀为记忆后形成对于个体的意义，继而影响到个体对交通服务的选择习惯。

意义是行为的原动力，是驱使个体坚持的信念，是个体在交通体验过程中产生的并再度驱使个体反复使用某种交通服务的关键要素。杜威曾说，体验的过程就是发现和赋予事物以意义的过程；海德格尔认为，体验是感悟自我人生意义和价值的过程和方式，离开体验，也意味着死亡。营销专家达雷尔·瑞亚（Darrel Rhea）提到，体验设计的最终目标就是创建意义，需要通过关系的建立、巩固价值来具体实施。

一次记忆深刻的交通体验，让一段旅程充满意义。人们接受交通服务的过程中，遇到与预期偏差很大、与过往经历不同、有着额外收获时，会引发思考和反思。这个过程对体验者的影响既包括现时性的情感冲击，又包括事件回顾中的感悟、反思和从体验到故事的意义创造（辛向阳，2019）。交通体验的意义要素及其子要素的构成关系见图4-12。

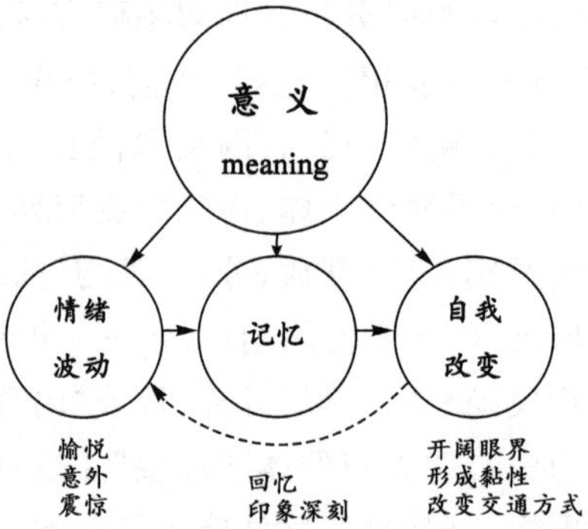

图 4-12 交通体验的意义要素

4.2.5.1 情 绪 波 动

情绪波动是体验过程中所带来的最直接的影响。诺曼(2012)在《情感化设计 3:情感化设计》中阐述了情感对体验的重要性,他认为人们所做的任何事情都包含认知与情感的成分,情感赋予事物意义与价值。情感是人的本能,在体验中,人们通过看、听、触感受周围的环境事物,由情感系统判断他们的感受。情绪是人们对当前事件的情感反应的波动,有些情绪波动是实时产生的,比如一些具有冲击力的地铁景观或者精心布置的公交车内饰带来的惊喜,使人心情愉悦;还有一些情绪是相对持久的,如高德地图中新增了"拥堵圈"的功能,建立了同在一条拥堵路段上的人与人的联系,司机感到充实不孤单,也可能就此成了好友。在体验中,个体会通过与外界事物的交互而不断产生情绪波动。

4.2.5.2 记 忆

当一个人的空间移动行为结束后,交通体验留存在脑中形成记忆,人们会根据这段记忆中印象最深刻的特性来表述或概括那个体验,进而形成一个反思的过程。就如同日复一日地打车出门,自己不会记得坐的是什么样的车、司机是谁,甚至都不会多作交谈,那些过程很快就被忘记。如果来接驾的车是特别豪华的车,抑或司机非常风趣幽默,分享了很多有趣的个人经历,那么这次打车经历一定会给人留下深刻的印象。杜威在《拥有一个经验》中提到,在关键的意义上,经验是由我们称之为"真经验"的情形和事件决定的;在回忆这些情形时,我们称之为"一个经验"。经验可以由于对一些特质的长久记忆而显得尤其突出,每一个体验都因为其与先前体验不同而被记忆。每天在同一时刻乘坐相同的交通工具从来没有遇到过阻碍或偏差,总会顺利到达目的地,那这个过程就仅仅是一个普通的容易被忽略的过程,不会产生到达目的地后的喜悦和满足;但如果有一天，这辆固定搭乘的交通工具出现故障，或者提前出发导致你没有赶上而迟到，便会让你异常失望甚至愤怒，这个过程虽然不美好但是却记忆深刻。

4.2.5.3 自我改变

意义还包括增强人们的自我改变。人们越来越注重寻找与以往经历所不同的各类体验，丰富而各异的体验可使人们感到自己处于发展和完善、进步与改变的过程中。虽然体验带来的改变作用有时不及人生经历，但也可以带给人们正向的、积极的情绪，好的交通体验不仅可以增加人们的使用黏性、改变人们的出行习惯，而且会渗透在生活的方方面面从而改变人们的生活方式。例如，高德地图深受人们喜爱，现如今人们不管是自驾出行还是找附近的美食，甚至在拥堵路段与相同遭遇的人们进行交流与吐槽都使用该软件，其流畅的操作界面与精准的信息以及多元的链接都深受用户的青睐；在线订票系统的普及更是让人们在车站售票口排队买票的情形渐渐减少。这些都是由体验而引发的人们的自我改变。

高效、快捷地实现空间移动已不再是使用或购买相关交通服务的唯一目的，人们有时希望这是一段难忘的经历，甚至可以达到改变自我的目标。参与体验的个体往往希望得到比记忆持续更久的产出，一种超越产品和体验本身的产出(Pine et al.，2012)。可以说，有时候交通服务只是用户借助的手段，他们需要的是体验带来的自我改变。

4.2.6 价值要素

价值，在哲学意义上是从人们对待满足他们需要的外界事物的关系中产生的，是主体和客体之间的一种特定的关系，即在主客体相互关系中，客体是否按照主体的尺度满足主体需要，是否对主体的发展具有肯定的作用，这种作用或关系的表现就成为价值(李德顺，2007)。价值是一个关系范畴，人是价值主体，与人相对的物或者他人是价值客体，价值表现为客体与主体间相互作用。正像马克思所说，一物的属性不是由该物同他物的关系产生，而只是在这种关系中表现出来。胡塞尔(Husserl)基于现象学的哲学理念，把主客体的相互关系进一步作了“价值与价值物”“有价值的对象与价值对象”的区分。

在艺术设计领域，学者们在充分吸收价值的哲学理念的基础上，提出关于设计价值的相关理论。日本学者田宗介把价值表述为“取向的客体，同时也是对客体的取向”，这种取向称为“价值意识”，在价值物和价值之间起到连接作用(黄厚石，2009)。作为客体的价值物，在分析的过程中将其拆解为不同的价值构成要素，即价值项。设计中的价值项由“经济价值”和“文化价值”两个母价值项和若干个子价值项构成，其中“经济价值”中包含“材料价值”“功效价值”“技术价值”

"商业价值"等,"文化价值"中则包含"审美价值""宗教价值""夸耀价值""品牌价值"等(赵伟军 等,2011)。中国科学院院士郑时龄提出,设计价值的构成因素主要分为 4 大范畴:哲学价值、物质价值、社会价值和经济价值。其中,社会价值范畴有政治价值、文化价值、法律价值、历史价值。在消费社会里,设计价值是一个综合性价值范畴,包含符号价值、社会价值、文化价值。其中,符号价值最具时代特色和意义;社会价值包括实用价值、经济价值和审美价值等;文化价值分为文化价值和伦理价值(堺屋太一 等,1989)。

综合艺术设计领域的价值概念,笔者认为,交通体验的价值要素,在其哲学意义和一般的艺术设计价值表现之上,更突出交通特殊的经济性、大众性、公益性,符合当代社会整体的价值追求,塑造面向未来的现代化、绿色低碳交通系统的价值取向。本节将从经济价值、社会价值、技术价值 3 个方面对交通体验的价值要素展开阐释。

4.2.6.1 经济价值

设计作为一种经济活动,直接参与企业的产品生产和经营活动,将设计思维的无形价值具体化为设计产品的市场价值。设计的经济价值是设计师对设计的使用价值、审美价值、文化价值等的价值创造,在根本上是为了更好地满足人类的生产生活需求,天然应该具备经济价值(周俊俊,2014)。在现代社会,经济性要求更是设计的基本要求之一,经济价值也是设计价值的重要体现形式。从传统工业社会转型到当代消费社会,最显著的一个观念性变化就是商家为了自身利益和发展需要,不断制造新的需求、引导人们进行非必需型消费(赵伟军 等,2011)。设计的经济价值,不仅体现在提高生产效率,也体现在成为消费的直接驱动力,促进社会的经济循环。

交通服务的经济价值,除却专业设计公司通过提供设计服务所获得的经济利益以外,主要指的是企业通过设计投入,能有效促进产品销售和服务客户的增长,从而获得的经济利益。在某种意义上,这反映到企业整体运营绩效评价中。具体来说,交通服务的经济价值可以从 4 个维度评价,分别是汽车产品销售或交通服务客流量的增长、市场占有率的提升、消费者满意度的提升、企业品牌形象的提升。

4.2.6.2 社会价值

设计的社会价值是反映设计、产品与社会价值追求相互关系的综合性的价值范畴。前文引用的学者论述表达了设计的社会价值包括政治价值、文化价值、法律价值、历史价值、文化价值、审美价值、艺术价值、伦理价值等。交通服务的社会价值,更应凸显当代社会对交通运输行业和相关产品供给方的社会责任要求。因此，应该把可持续发展理念贯穿交通服务体验设计的全过程。

可持续发展，源于 20 世纪 80 年代的“绿色运动”，在 1992 年的联合国环境与发展大会上得到国际共识，并被写入《里约宣言》《21 世纪议程》等重要档案中。可持续发展理念包含经济、环境和社会 3 个方面，可持续发展必须是建立在保护地球自然资源基础上的可持续经济增长，追求公平分配，以满足当代及后代全体人民的基本需求，促进人类与自然的和谐相处。

交通领域的可持续设计理念，体现在 3 个方面。一是环保设计。运用生态效率的概念，使用更少的资源、排放更少的污染给商品或者服务增加更多的价值。二是绿色评价（于东玖 等，2016）。通过交通产品和服务的生命周期评估，以系统的方法、量化的指标进行能量消耗、污染排放的控制，强调对低碳能源的使用，追求“零碳”排放。三是社会责任再塑。凸显交通行业的企业责任，从企业品牌形象角度，整合经济、生态和产品或服务的关系，创造出新型商业模式，实现企业、环境和消费者之间的和谐共存。

4.2.6.3 技术价值

交通是当代社会先进生产力发展的标志。交通服务的技术价值体现在对国家标准、行业规范的执行上，还应当把产品和服务可用性、先导性、公益性等作为自身追求。一是可用性方面。可用性设计建立在人类学、认知科学、人机工学和感性工学的基础上，以用户为中心作为某种产品或服务的质量评估标准，包含有用性、可用性、易用性、好用性等多层递进的使用性评估等级（于东玖 等，2016）。二是先导性方面。现代化的交通工具和服务体系，是当代社会科学技术发展的集中体现。交通体验要从科技与社会的互动角度，综合运用网络化、智能化、集成化、绿色化等多元技术手段。三是公益性方面。交通服务秉持为最广大人民服务的价值追求，注重底层群众和老弱病残孕等弱势群体的服务体验。交通服务的设计应该标准化、模块化，采用易用性、可辨性原则，符合人机工程原理，为广大消费者提供安全可靠的交通体验。

综上，人们不但希望通过使用某种产品来完成或改善某项工作，还希望产品能够丰富、增进其生活体验，并且把这种体验与个人的某种梦想联系起来。无论是驾驶多功能运动车时所体会到的刺激与安全感、乘坐地铁时所感受到的舒适和高效率、在观光车里所享受到的放松和对现实的逃避，还是在高铁商务舱内所感受到的独立和兴奋，成功的产品都能实现或满足一种更高级的感情价值。而当今科技变化越来越快，产品的生命周期也越来越短，交通服务传递着以体验为基础的价值，而这些价值必须足够显著，这样人们才会认为应该继续购买或使用该服务。交通服务跨越了多重互联领域的企业与客户之间的关系，以体验为设计框架，有助于形成设计所能提供的系统质量的良好杠杆作用，提供价值以维系客户。

4.3 交通体验要素的相互关系

交通体验的6个要素之间是互相关联、互相影响的，在不同情境下发挥不同的作用。图4-13展示了6个要素之间的关系。设施和服务构成交通体验的基础要素——载体，是人们借以实现空间移动行为的基础，也是交通体验得以产生的前提。人们怀揣着“期许”选择某一种交通服务，在一系列的“进程”中和“载体”以及他人发生不同程度、不同方式的“连接”，实现了“意义”的可能性，“价值”是个体对这一段经历感知后的赋能过程，会对个体产生正向激励，触发良性互动，吸引个体再次使用该交通服务。

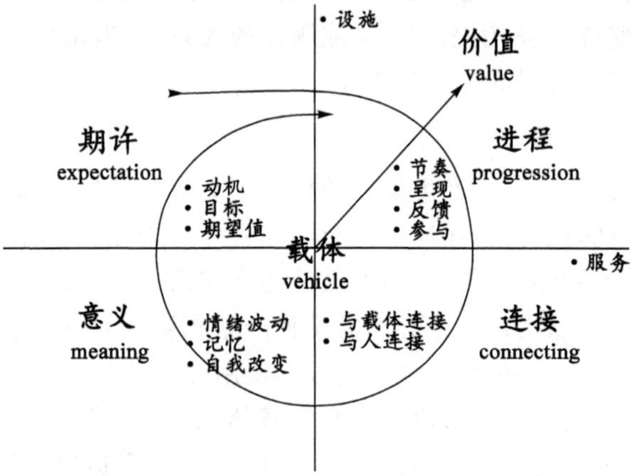

图4-13 交通体验要素的相互关系

对交通体验要素之间关系的探讨要从最常见的交通场景考虑。根据前期调研结果，目前人们选择交通服务的需求主要有两种：一是最常见的以最高性价比的到达为主，即功利型交通；还有一种是以游览或猎奇为主的交通需求，即体验型交通。下面将交通体验要素放入两种类型的交通出行中进行理解。

4.3.1 从功利型交通理解要素关系

人们基本上每天都会进行空间的位移活动，即使是不借助工具的步行出门，也会接触到红绿灯、导向牌、交通护栏等属于交通服务范畴的工具或设施，人们经由感觉系统和日常认知对以上工具或设施产生体验。交通体验伴随着人们空间的移动行为，只不过，日常的功利型交通对交通体验的要求和衡量更多地集中在用户体验层面，如软件使用的易操作性、流畅度，交通工具的舒适性，交通设备的稳定性等。这些都是对载体没有过高的期望值，进程又比较顺畅的情况下，与周围人群相对独立的连接形式，日复一日，对人们的情绪不会产生太大波动，就是一段平淡的交通体验。但由于熟悉的使用方式以及合理的性价比，是符合人们的价值评估的，所以可以吸引人们再次使用该交通服务。

4.3.2　从体验型交通看要素关系

新开通的地铁、沿途风光秀丽的列车、新式的交通工具等，都是人们以体验为目的去使用某一种交通服务的动机。例如，你第一次乘坐迪士尼的地铁专列，虽然之前在网络和朋友的照片中就已经看到了车厢内的布局照片，但是自己真实地踏入这个车厢中时，还是因被米奇元素环绕而感到开心；在乘车过程中，一路伴随欢快的歌声，到站时，还有巨型米奇人偶与人们进行互动，进行道路引导。你和朋友以及其他游客一起开心地同米奇合影，并因此结实了几个新朋友，建立了和其他人的连接，一同度过了难忘的一天。很久以后你回忆起这一天仍是觉得开心而有价值的，甚至和他人约好下次再搭乘列车前往。

所以吸引人们再次使用某种交通服务的过程都要给人带来良好的甚至难忘的交通体验，赋予人们这段旅程以符合预期甚至超乎预期的价值，才是体验框架驱动交通服务的创新设计的目的。

4.4　交通体验要素验证——以高德地图为例

4.4.1　研究方法与目的

典型案例研究法被广泛用于人类学、管理学、社会学等领域，是现代设计研究者广泛使用的方法之一（王金红，2007）。这一方法对于新理论的构建以及现存理论的验证尤其适用（Eisenhardt，1989）。因此，利用典型案例研究法对生活中存在的不同案例、不同现象进行探究、挖掘、描述和解释是学术界开展学术研究的重要手段和普遍趋势（欧阳桃花，2004）。基于此，本研究将采用这一方法进行更为深入的探讨。

通过对前期量化研究（问卷调查）和质性研究（用户访谈）材料的整理，笔者发现受访者的谈话内容主要涉及两类交通服务体验：一类是数字化、网络化、虚拟化特征非常明显的交通服务体验，如地图类 App、滴滴打车、共享单车等；另一类则是现实生活中由于乘坐真实的交通工具所带来的交通服务体验，如地铁、高铁、飞机等。

芝加哥大学哲学博士、凯斯西储大学商学院创新设计系系主任、卡耐基·梅隆大学设计学院原院长理查德·布坎南(Richard Buchanan)曾在他的一本著作《哲学与修辞学》中提到,如果我们因为某一个产品或对象促使我们形成了某种新的生活方式,那么有一点就非常明显,那就是这个产品的设计师一定在这个产品有用、可用和想用之间做了很好的思考和权衡。高德地图在电子地图领域中,长时间处于行业第一的位置,拥有庞大的用户群体。易观千帆的数据显示,2021 年 2 月,高德地图的月活跃用户达到了 4.1 亿。因此,结合前文提到的典型案例研究法,笔者选取高德地图这一具有代表性的案例进行详细分析。具体步骤如下:首先,查阅相关文献,对高德地图的发展历程和发展现状进行梳理;其次,通过量化研究(问卷调查)和质性研究(用户访谈),对交通服务体验的 6 个要素进行验证;最后,了解用户对高德地图的期许和想法,包括使用习惯、进程、便捷性、连接的建构以及人们如何通过高德地图创造出属于自己的意义和价值。

4.4.2 高德地图与体验相关的文献研究

目前国内手机地图用户数高达 7 亿人,手机地图逐渐成为人们日常交通出行必备的应用软件。高德地图常年占据用户市场份额的头部位置。正是因为高德地图巨大的商业影响力,它也成了近年来学术界研究的焦点。截至 2021 年 5 月,以"高德地图"为关键词在中国知网的学术文献库里进行相关文章的检索,我们可以得到的文章(包含期刊论文、会议论文、博士论文、硕士论文等)有 1 396 篇之多;即使以"高德"和"体验"两个关键词进行"交集"检索运算,我们获得的文章也达到 172 篇。如果再进一步观察,我们还会发现,这些文章主要涉及以下几个领域:社会学、管理学、营销学、交通管理等。

为了研究的需要,笔者特意从搜索结果里面选取了所有与本研究有着密切联系的文章,参见表 4-8。可以看出,从体验设计的视角来研究高德地图的文章并不多,甚至可以说是相对偏少的。

表 4-8 高德地图与体验相关的文献

年份	题目	作者	类型	出处	研究角度
2020	可供性视域下地图服务类应用的交互设计研究	邓力源	硕士论文	江南大学	设计学
2020	地图服务商视角下的互联网地图商业模式发展研究	林安轩	硕士论文	北京邮电大学	经济管理
2018	上班族通勤换乘交互服务系统设计研究	王妍妍	硕士论文	大连理工大学	管理学

表 4-8(续)

年份	题目	作者	类型	出处	研究角度
2017	基于高德地图的图书馆室内导航构建与服务研究	孙凯	硕士论文	南京大学	地图学
2016	基于情境感知的移动导航应用体验设计研究	孙浩	硕士论文	浙江理工大学	地图学
2015	高德地图:用数据丈量城市的蓝色幸福	武琪	期刊	财经界	经济学
2014	高德地图:找到乐趣 改变行为	石丹	期刊	商学院	传播学

高德地图除了基于地图给人们实现导航信息外,目前还兼容了许许多多与交通出行相关的延伸性服务,如外卖预订、打车选择、代驾呼叫、酒店预订等。这种"基于位置的服务"(location based services,LBS)赋予了高德地图更多的实用性、互动性、趣味性和探索性。

高德公司原副总裁兼首席市场官金俊说:"(高等地图)给用户带来了愉悦,而且这种愉悦一定产生于某个使用场景下和人所处的情境中。"通常来说,人们使用高德地图时要么是因为路不熟,要么是因为赶时间,不想错过某个路口导致走冤枉路,再或者不知道用何种方式到达目的地更加经济有效,因此使用高德地图进行行程规划等。但是,在上述情形下,人们由于对行程的未知,或多或少会有一些焦虑和不安。"但当林志玲嗲嗲的娃娃音说起'左转'的时候,多数人会会心一笑,缓解认路的焦虑。在女神音推出之前,一些方言包也被很多人使用,用户觉得有用又有趣,"金俊说,"我们在设计产品和进行推广营销时,会优先考虑用户的使用情境,在此基础上再考虑这个情境是不是会给用户带来乐趣。例如,用户在看《豪门盛宴》的这个情境里,高德地图上的女神音就不被需要了,而我们推出的相应生活服务可能会更被需要。或者,在看这个节目的场景下,女神以另外的形象出现——如 29 号她出现在节目现场。"

4.4.3 高德地图的交通体验要素解析

笔者访谈了 20 位高德地图使用用户。访谈问题主要从 3 个方面进行设计。

① 高德地图作为提供交通服务的软件,解决了交通方面的哪些问题?它是如何解决的?

② 高德地图作为一个具有创新性的产品,是如何通过良好的设计来达到对人们交通体验的影响?

③ 高德地图给用户带来了哪些重要的改变?

访谈题目的设置重点参考了杰斯珀·延森(Jesper Jensen)在 2014 年发表

的《深层体验设计》(*Designing for Profound Experience*)一文。他提出了体验的 3 个维度,包括:有形(工具维度)、使用(服务维度)和意义(深层维度)使用体验和深层体验(Jensen,2014)。工具维度是指产品的功能、色彩、形状等物理层面给人带来的体验感受;服务维度是指人们使用产品或接受服务过程中的流畅感;深层维度主要是指人们完全沉浸在产品使用的时候所获得的感知和意义。这种感知是沉浸式的、心流式的。如果说使用体验更多涉及的是交互层面的感受,如易用性、便捷性或者满意度等,那么深度体验则更多涉及的是生活习惯的改善和改变。例如,当我们把自己的生活场景通过朋友圈发送并且得到朋友点赞的时候,我们重新定义了交流、沟通、传播和展示的方式,这也就重新构建了一种生活的意义(深层体验)。访谈问卷参见表 4-9。因篇幅限制,本研究仅展示一份完整的访谈记录,参见附表 5。

表 4-9　针对高德地图的访谈问卷

考察维度	问题
工具维度 (载体/功能)	1-1 是什么原因促使您第一次使用高德地图呢? 1-2 您使用高德地图的不同功能的时间段是什么?
服务维度 (进程/连接)	2-1 针对高德地图某一种具体功能您有什么使用体验呢?(导航、订酒店、打车等) 2-2 高德地图带给您最大的改变是什么?
深层维度 (意义/价值)	3-1 高德地图是否有一些功能一直吸引着您? 如果有的话,您可以谈谈这个原因吗? 3-2 高德地图对您来说有什么意义?

通过多次的深度访谈,笔者得到 20 份访谈记录,然后将这些访谈记录根据 3 个核心方向的问题"高德地图的使用动机""高德地图的使用体验""高德地图所带来的意义和价值"进行了梳理和分析,最后归纳出高德地图的交通体验要素(见图 4-14)。高德地图作为交通服务的载体,可以有效提供人们去往目的地的路线,以及找寻目的地的周边生活、娱乐、医疗等场地,并通过大众点评等软件将人们的需求与评价连接到一起,成为了解周边的有效渠道;在拥堵路段,建立共同拥堵人群的吐槽圈,不仅有效缓解用户在拥堵时的不良情绪,还可能形成意外社交,进而为用户通过使用高德地图而赋予这段交通体验新的意义和价值。

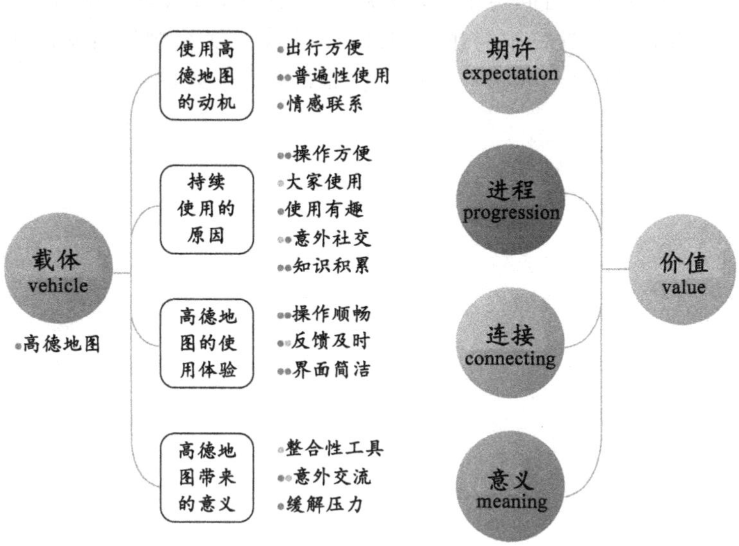

图 4-14 访谈用户使用高德地图的体验要素归纳

4.5 本章小结

交通体验应具备哪些要素才可以成为被设计的直接对象？本章的核心内容是基于设计的视角，探究交通体验的构成要素及其相互关系。

第一部分是对研究方法与过程的阐述。这一部分首先在前一章所得出的影响交通体验的因素中，通过卡片分类的方法进行 3 次分类推理，最终得出交通体验的 6 大要素：载体、期许、进程、连接、意义、价值。

第二部分是对交通体验的 6 大要素及其二级要素进行逐个解释。一方面，这一部分针对每个要素的具体内容，将先前学者们的相关研究成果进行归纳梳理，作为本研究观点的基础；另一方面，结合访谈调研中对真实用户关于交通体验的描述，对每一个要素及其二级要素进行仔细解读和佐证，并提出一级要素和二级要素之间的相互关系。

第三部分是对 6 大要素之间的关系进行解释说明，将交通体验的要素放进具体的案例中进行考虑，结合功利型交通和体验型交通两种对交通体验要求不同的方式对要素进行阐述说明。

第四部分将高德地图作为典型案例进行研究。首先，这一部分采用文献研究的方法对交通服务体验现有的文章进行详尽的整理；其次，基于杰斯珀·延森体验的 3 个维度理论进行问卷设计；再次，结合深度访谈、焦点小组等方法对用户进行采访，并得到足够样本的访谈记录；最后，对访谈资料进行整理和总结，并在整理和总结访谈记录的基础上得出了交通各要素的验证。

5　交通体验模型的验证与应用

根据上一章所阐述的V-CEPM-V模型的构成要素以及运行机制，本章将展开该模型的实际应用性分析。一方面，通过开展工作坊对比实验的方法来验证V-CEPM-V模型在设计中的指导作用；另一方面，结合徐州地铁2号线这一实际课题，使用V-CEPM-V模型进行具体项目的设计与开发，进一步验证该模型可以为交通服务创新方面提供新的设计思路与方法。

5.1　V-CEPM-V模型有效性验证

为了验证V-CEPM-V模型在相关交通服务设计开发中的有效性和指导性，笔者从本校设计专业的本科生中选出10人，并分成两个小组。给两个小组下达同一设计任务，一个小组采用研究所产出的模型进行设计，另一个小组对模型工具并不知晓，按照以往设计经验进行设计。最后将设计结果进行打分评比，以作品得分情况判断V-CEPM-V模型在设计中的指导效用。

5.1.1　设计人员的选择与分组

参与此次V-CEPM-V模型验证工作坊的设计人员为四川美术学院设计学院工业设计专业本科三年级的学生。笔者选择10名成绩绩点相近的学生进入到工作坊中。虽然学生们的设计能力相近，但为了进一步保证分组的随机性，采用系统抽样法将参与设计的学生平均分成两组。本次参与实验的学生共10名，可以平均分成两组。笔者事先将数字1～10分别写在10张相同的卡片上，并进行折叠覆盖，然后让学生们随机抓取，按照每个人所拿到的卡片上的数字对其进行编组。持有奇数号的学生为第一组(group 1)，持有偶数号的学生为第二组(group 2)，如图5-1所示。

抽签方式以及按奇偶数分组的显著随机性，可以尽可能地保证两个设计小组成员在设计水平上的相近度，从而为验证V-CEPM-V模型的可靠性奠定了基础。

分组完成后，笔者给两组成员安排同一个比赛作为本次的设计任务，即2021年紫金奖工业设计大赛中作品组的选题：设计一款高速有轨电车的外观造

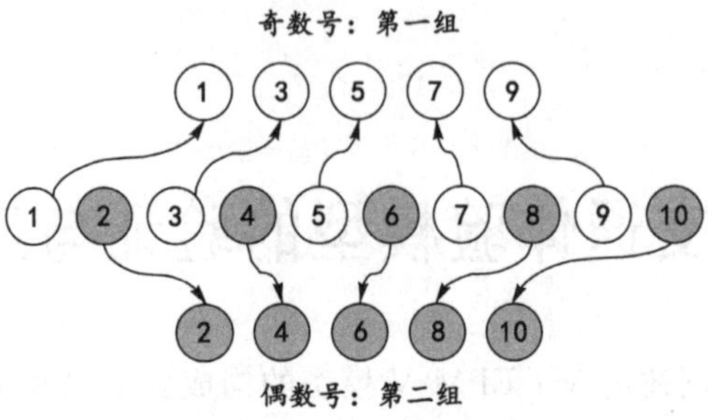

图 5-1　实验小组系统抽样法

型，从人们生活方式变化的角度出发，综合考虑前瞻性、新颖性，符合人们对现代轨道交通的审美，具有批量生产的可行性。

5.1.2　工作坊的应用

5.1.2.1　工作坊的目的

本次工作坊以 2021 年紫金奖工业设计大赛作品组的选题中对有轨电车设计的要求为评分标准。两个小组通过工作坊完成设计作品，以专家评委对设计成果的评判情况，作为两组作品优劣对比研究的依据，来证明 V-CEPM-V 模型在交通服务开发创新设计中是否具备指导作用。

5.1.2.2　工作坊的要求

两组的相同之处：两组成员所接受的设计任务都是要求从人们生活方式变化的角度出发，综合考虑前瞻性、新颖性，符合人们对现代轨道交通的审美，具有批量生产的可行性，对有轨电车的外观进行设计；并且给予两组相同的设计时间。

两组的不同之处：第一组可以按照以往所学的设计方法展开本次设计任务，笔者并未对该组成员介绍过 V-CEPM-V 模型；而笔者详细向第二组成员介绍了 V-CEPM-V 模型，并要求成员使用 V-CEPM-V 模型展开设计任务，草图中要体现使用 V-CEPM-V 模型进行分析和设计的过程。

5.1.2.3　工作坊的流程

① 第一组的设计工作是在笔者下达设计任务书之后立即展开的。在此过程中并未对第一组成员进行有关 V-CEPM-V 模型的任何介绍，全部依靠设计成员们以往所学的知识与技能进行方案的推导和设计。

② 第二组的设计工作则分为两个阶段。第一个阶段，笔者向第二组成员介绍本研究的大致过程和前期成果，包括交通的定义、交通服务的构成，交通体验

的概念及其影响因素的调研过程。在阐述上述概念的基础上，笔者进一步介绍V-CEPM-V模型的构成要素及其运行机制，并通过阐述相关案例帮助成员理解模型。第二阶段则是成员在理解了V-CEPM-V模型的基础上根据设计要求使用新掌握的模型展开设计。

第二组工作内容的核心部分为成员对于V-CEPM-V模型的理解及使用。要求第二组的成员必须要在V-CEPM-V模型框架下进行有轨电车交通体验的设计，最终目标是实现交通服务的创新设计而非局限于交通工具的物理意义层面上的建构。

5.1.2.4　设计时长

按照对照实验唯一变量原则，两组成员要在相同时间内完成设计，但由于第二组成员需要额外的模型工具学习时间，故两组具体开展时间如下。

上午8点进行人员的分组和任务的下达工作，第一组在8点30分正式展开设计工作，中间有2个小时休息时间，下午5点30分提交方案；第二组在8点30分开始进行V-CEPM-V模型的学习，9点正式展开设计工作，中间休息时间缩短半小时，下午5点30分提交方案。两个小组的设计时长相同，均为7个小时。

在两组成员完成作品后，笔者使用A～J这10个大写字母对各组的作品逐个编号。其中前5个，即作品A、B、C、D、E，是未在V-CEPM-V模型指导下的小组(第一组成员)作品；后5个，即作品F、G、H、I、J，是使用V-CEPM-V模型的小组(第二组成员)作品，编号规律不告知后续评委。

5.1.3　作品评分汇总

评委由6名设计专业教师和2名设计行业从业者构成。要求评委对两组设计作品按照个人的综合感受以及紫金奖设计要求评分点进行打分。将每幅作品的最高分和最低分去掉后取平均值作为该作品最终得分，10份设计作品得分情况如表5-1所示。

表5-1　设计作品平均得分

作品编号	平均得分	作品编号	平均得分
A	6.23	F	8.15
B	8.03	G	9.12
C	7.07	H	7.58
D	4.15	I	6.02
E	6.76	J	8.49

按照作品得分从高到低的排序是：G＞J＞F＞B＞H＞C＞E＞A＞I＞D，作品 G 在整个评分过程中获得了绝大多数评委的认同，得分最高，作品 D 则在大多数评委的评定中处于较低的水平，得分最低（见图 5-2、图 5-3）。

对各组的得分进行分析，第一组（A～E）的平均得分为 6.448；第二组（F～J）的平均得分为 7.872。由平均分情况可直观看出，使用 V-CEPM-V 模型的第二组所产出设计成果的平均水平要优于第一组。

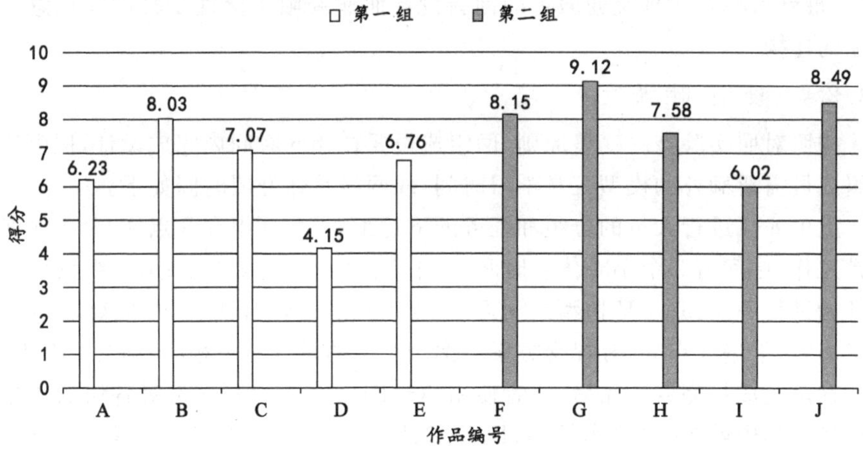

图 5-2　作品最终平均得分

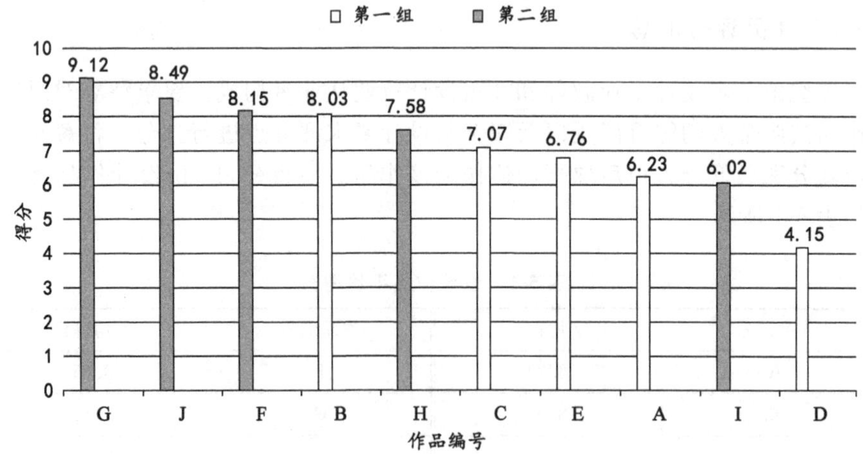

图 5-3　作品最终得分降序排列

5.1.4　评分解析

通过对得分情况的进一步梳理，对比排名前五设计作品的平均分和排名后五设计作品的平均分，两者的分差说明了该模型作为新的设计方法和设计框架具备一定优势。

5.1.4.1　排名前两名的作品解析

(1) 作品 G

编号为 G 的设计作品得分最高，最终设计效果如图 5-4 所示。该作品以 V-CEPM-V 模型为基础展开推导，设计者以构建人们新的价值为出发点，让有轨电车不仅成为承载人们出行的交通工具，还建立了人与人、人与环境的新的连接，使人们从认知参与到情感参与再发展到最后的行为参与，为人们塑造了一段美好回忆。

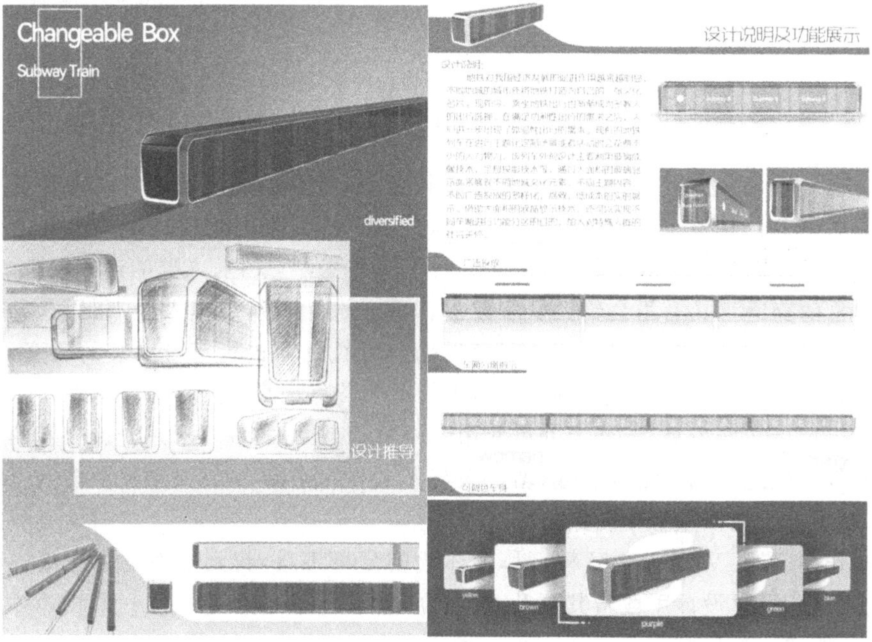

图 5-4　作品 G 效果图

（资料来源：作品 G 设计者，2021）

具体设计过程如下：首先，该作品的设计者从地铁设备这个载体入手，根据往日亲身搭乘的经历和感受，认为目前地铁的设计多以地域文化、车身造型的意向体现为主，新修的地铁在满足人们的猎奇心理之后，便只承担效率方面的交通服务，没有持续吸引之处。为了通过提高交通体验以增加人们对地铁的使用频率，该作品设计者以 V-CEPM-V 模型中的要素作为体验蓝图中的分析节点以及体验意义和价值创造设计可能性的切入点，要素分析及设计推导如图 5-5 所示。笔者将其要素分析情况整理成表，详情可参见附表 6。

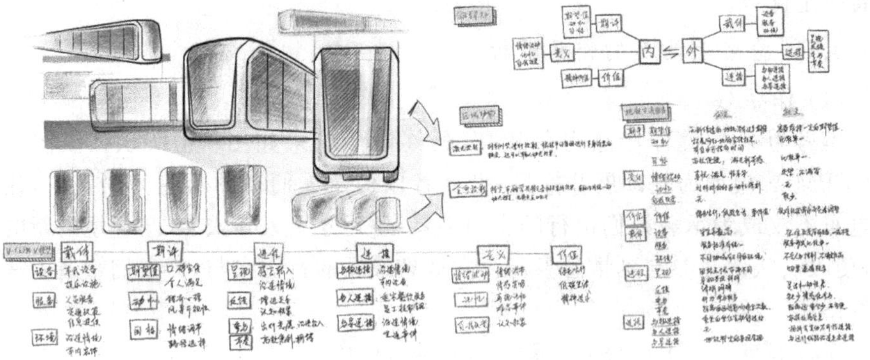

图 5-5　作品 G 使用模型的推导草图

（资料来源：作品 G 设计者，2021）

在分析每个体验要素在地铁类交通服务中的优缺点后，设计者认为地铁在交通体验上有着短暂的新鲜感和易于固化的特征，人们对地铁的期许会随着经常搭乘而逐渐趋于平和，因为地铁的进程不会多变，与景色、人群的连接较少，沦为日常的交通工具后不会给人留有较深印象。设计者从载体入手，利用全息投影技术，在地铁侧壁进行投射，意图为根据节日氛围而进行车身涂装的改变，还可以辅以动态效果，呈现节日故事，给人们留下美好回忆。女性专属车厢在全息投影下也可花样纷呈，车厢内外可使用统一的动态图案，并可通过光影交互的方式使得女生之间拍照更为有趣，增加人与人之间的连接，为意义创造更多的可能性，赋予这段地铁旅程以新的价值。

作品 G 将 V-CEPM-V 模型作为体验的分析工具，找到地铁类交通服务的体验低处，通过设计手段将其提升，并充分考虑调动其他要素使之一同构建体验故事，给这段旅程赋值。

(2) 作品 J

排名第二的作品 J 的设计效果如图 5-6 所示。该同学的设计思路较为独特。他在学习了 V-CEPM-V 模型后，认为交通体验中最重要的是构建意义，通过构建意义方能实现更高价值，人们得到超乎预期的价值之后才能形成黏性，继而反复乘坐有轨电车。所以设计者从意义的构建出发，将交通体验的意义分为

3 类:① 自我价值的实现与提高;② 持续的增值;③ 他人的认可和赞许。结合公共交通的绿色属性,设计者从“绿色交通代言人”的核心理念出发,在载体的设计上从内到外利用材质和配色强调绿色、环保的属性。同时,设计者将绿色里程和搭乘次数内置在订购车票的 App 中,以勋章或其他奖励的形式不时地给予人们以奖励和嘉许。人们也可以通过网络和公共平台分享自己的绿色成就,收获他人的赞许,建立与他人的连接,使搭乘地铁的人们得到价值的实现与提高。具体的要素和设计推导过程如图 5-7 所示。

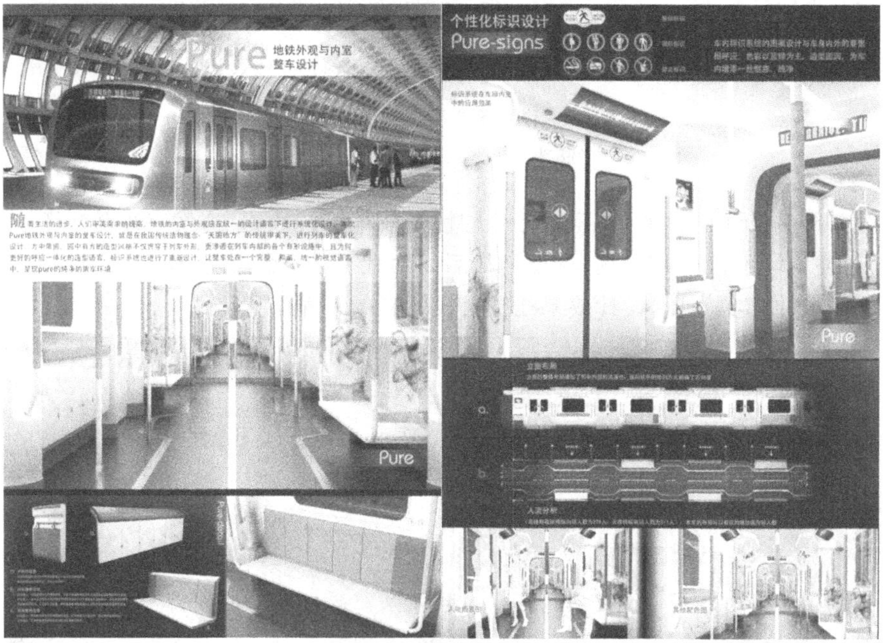

图 5-6 作品 J 效果图

(资料来源:作品 J 设计者,2021)

5.1.4.2 排名后两名的作品解析

(1) 作品 D

排名最后一位的设计成果如图 5-8 所示,作品编号为 D。该作品设计者将交通工具的速度提升以及换乘过程中更加高效快捷视为人们对交通工具的首要需求。设计者认为,如果交通工具全程可以保证乘客在抵达自己的目的地之前都可以高效运行,没有因中途停靠站而浪费时间,那样将更加高效。设计者以此为切入点设计了一款可脱节式的高速有轨电车,车厢为组装可脱节形式,即将下车的乘客可以先行走到列车的最后一节,到站时只有最后一节停靠,前面的车厢

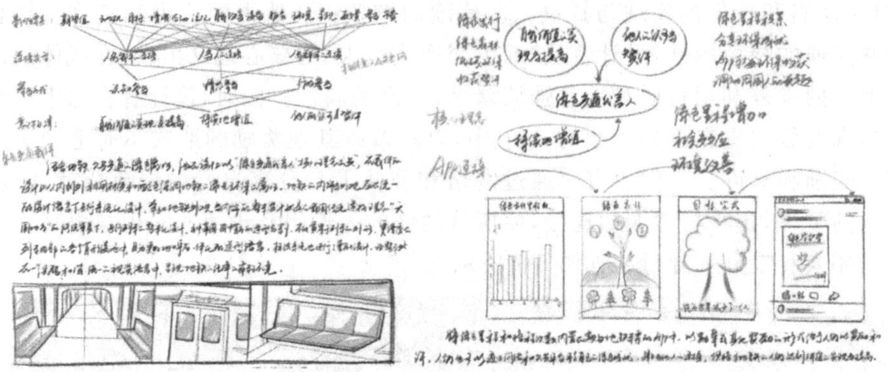

图 5-7　作品 J 使用模型的推导草图

（资料来源：作品 J 设计者，2021）

继续前行。设计构思大胆，但缺乏合理性及技术可行性，且方案表现效果不太理想，评委们均不认可此方案，故排名最后。由此看出，没有设计工具的指导和对人们需求的真实分析，设计成果往往是设计者的一厢情愿。

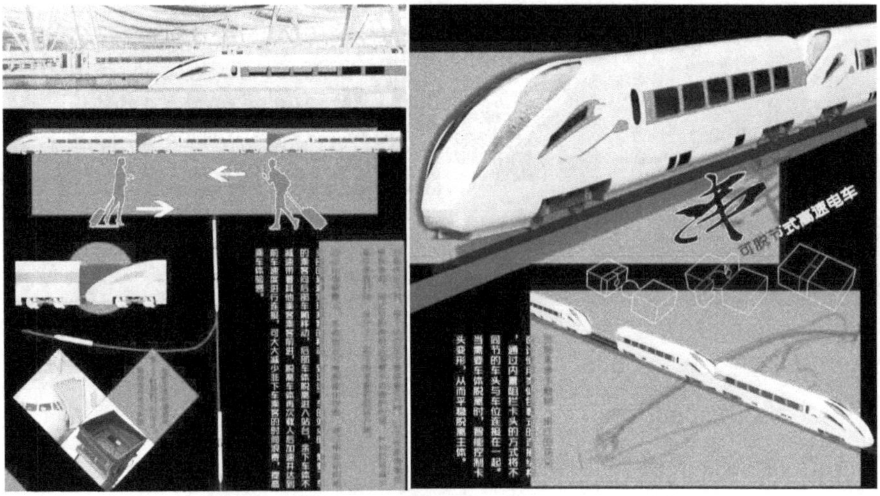

图 5-8　作品 D 效果图

（资料来源：作品 D 设计者，2021）

（2）作品 I

排名倒数第二位的设计成果如图 5-9 所示，作品编号为 I。该作品的问题在于不符合本次的设计要求，即“从人们生活方式变化的角度出发，综合考虑前瞻性、创新性，符合人们对现代轨道交通的审美，具有批量生产的可行性”。设计者将人们对交通的要求仅仅局限于速度的提升上，为了满足超高速列车的要求，对车头和车位进行了扰流板的折叠收缩设计。在其设计构思过程中看似运用了 V-CEPM-V 模型展开概念的推导，但仔细查看该方案的草图推导过程后（见图 5-10）可发现，设计者对于 V-CEPM-V 模型中的要素只是进行了机械性的罗列，并没有深入分析出其与载体连接后可能产生的意义或者作出其他新的贡献。虽然最终呈现的整体效果还不错，但由于未能很好地使用 V-CEPM-V 模型进行设计和解读，并且未能按紫金奖要求设计出符合人们新的生活方式构想的有轨电车，所以该作品评分较低。通过作品 I 可以看出。如果设计者不能深入理解 V-CEPM-V 模型，而只是象征性地使用，那么这个工具就无法发挥它应有的实践价值。

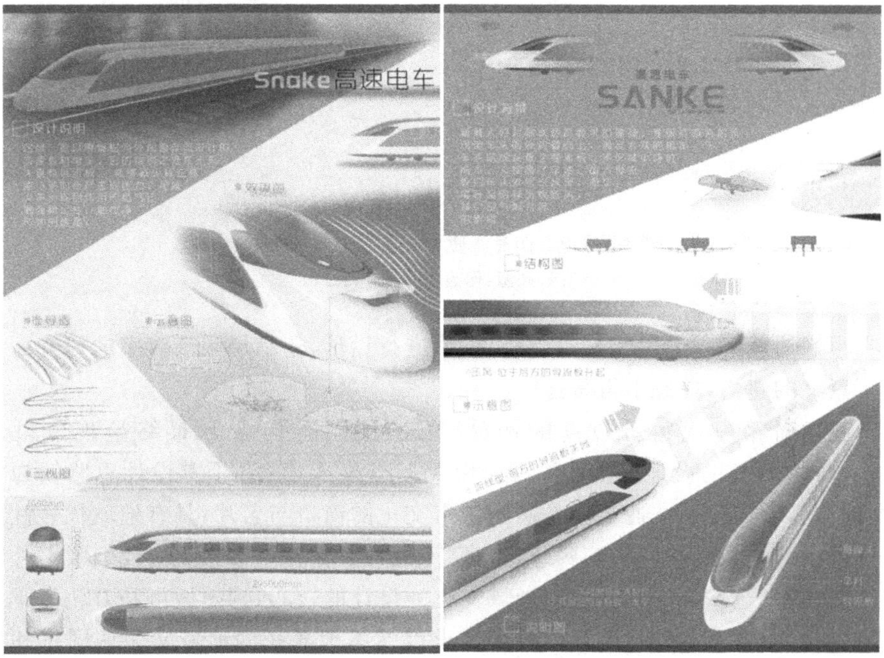

图 5-9　作品 I 效果图

（资料来源：作品 I 设计者，2021）

5.1.4.3　其他作品分析

第二组（F～J）作品的平均分普遍高于第一组（A～E）作品的平均分。接下来需要通过对第一组中得分较高的作品以及第二组中得分较低的作品进行对比分析，发现两组作品中的一些特例因素。

第二组得分较低的是上文分析的作品 I，造成得分低的主要原因是设计者

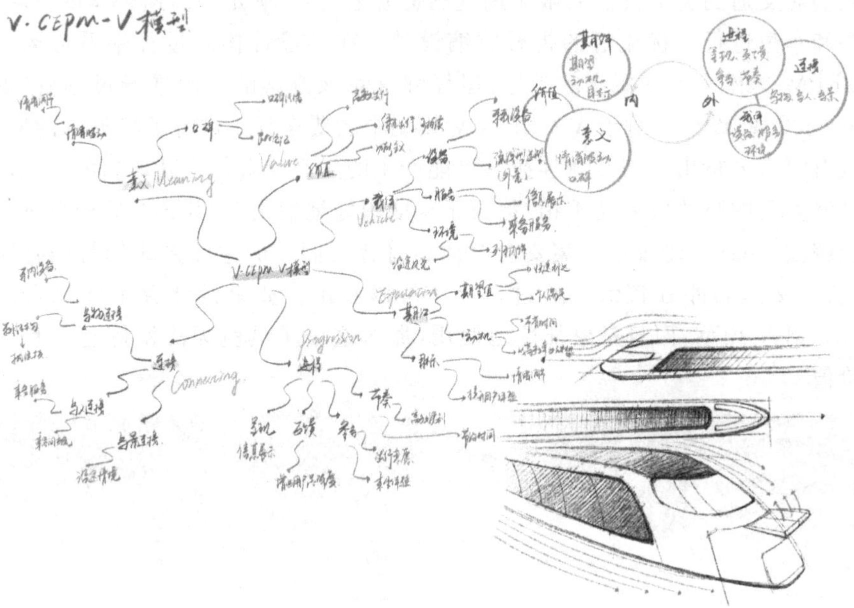

图 5-10　作品 I 使用模型的推导草图

(资料来源:作品 I 设计者,2021)

没有很好地理解和运用 V-CEPM-V 模型进行设计,还是局限于效率的提升而缺少了意义的建构,在此不再赘述。

我们对第一组得分较高的作品 B 进行解读,作品 B 最终呈现效果见图 5-11。作品 B 的设计者虽然没有使用 V-CEPM-V 模型,但其设计思路较为清晰,他认为城市公共交通工具是展示城市文化的窗口与名片,具有地域代表性的设计可以增强城市居民的归属感、自豪感,也可以作为城市景观的代表吸引外地游客前往打卡留念。因此,他以地域文化为设计的核心,构建城市和有轨电车之间的连接关系,满足外地游客的打卡需求以及本地居民的地域文化认同感和城市自豪感。设计从本地居民的风土人情、地理位置、典型文化入手,找到广泛而具有代表性的文化特征,并将其提炼成基本的造型元素,转译到有轨电车的外观造型中。扎实的设计推导以及优秀的效果表现,得出了较好的设计成果。

因此,从这两个作品中,我们也可以判断出设计者的逻辑思考水平以及扎实的专业基础是一个优秀的设计作品所必须具备的基本条件,因为 V-CEPM-V 模型并非交通服务的必备设计工具。

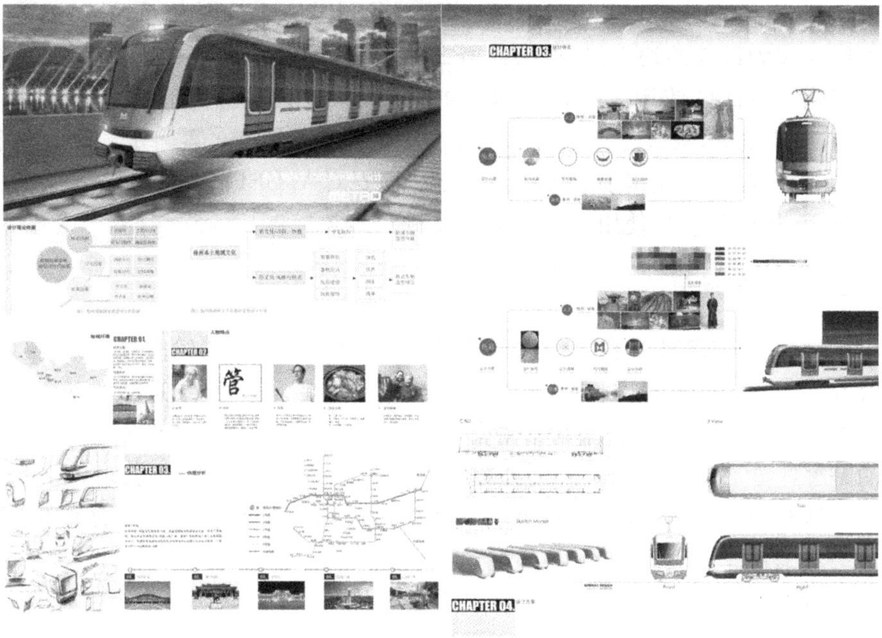

图 5-11 作品 B 效果图

（资料来源：作品 B 设计者，2021）

5.2 V-CEPM-V 模型应用情况分析

5.2.1 V-CEPM-V 模型应用情况

在第二组成员开展设计前，笔者首先向他们介绍了 V-CEPM-V 模型的相关理论，包括模型的基本要素、要素之间的逻辑关系等，再让成员在这次比赛的要求范围内使用该模型进行分析与设计。从成员的作品结果来看，成员在使用 V-CEPM-V 模型时基本运用了以下 3 种方法。

第一种，将 V-CEPM-V 模型当作体验要素地图，即将各要素进行优缺点的分析比对，找出设计突破点后，再通过模型要素之间的关系进行相关要素点的设计，最终呈现在载体上。

第二种，将 V-CEPM-V 模型进行反推，即认为交通体验的最终目标是塑造意义、带给人们价值，并结合其他要素的设计进行意义的塑造。

第三种，在设计过程中既运用了第一种方式，将 V-CEPM-V 模型当作体验要素地图，分析当前的交通体验问题现状，从设计意义的凝练着手，将改变意义的可能性作为设计的切入点，再结合第二种方法，反推连接方式、进程和人们预期的变化。对比仅使用一种运行机制的做法，该设计思路比较完整地运用了V-CEPM-V模型，依次进行了现状分析、意义塑造、设计方案确定。设计过程中，只有一名设计者使用了此方法。该方法需要对V-CEPM-V模型充分理解并灵活运用，从而打破只使用一种方法的限制。

5.2.2 总结与反思

在展开V-CEPM-V模型的要素解说及运转机制后，第二组成员根据各自的理解开展设计，并就设计过程中的思考与反馈与笔者沟通，主要意见如下。

① 某些三级因素的表述可以更加具体明确，如期望值中对事的认知，具体指的是哪些方面的认知。因为成员对各类交通服务的使用情况、表现风格和完成任务情况的估计会有所不同，所以重视的情况也不尽相同，在因素的说明上可以进一步细化。

② 某些成员提出可以通过量化来完善评价体系，如可以给各个因素打分，这样做可能使V-CEPM-V模型不仅可以作为开发交通服务的工具，还可以成为评测交通服务的工具。

③ 由于价值很难把握，似乎和意义要素有所重复，所以成员只能靠个体进行感知，导致最终效果难以预料。

5.3 徐州地铁设计实践

5.3.1 徐州地铁的设计要求

徐州地铁2号线于2020年贯通运行，是一条南北和东西向的骨干线路。徐州地铁集团有限公司希望通过设计提升徐州地铁服务的质量，吸引更多的人群乘坐。该项目委托中车集团株洲电力机车有限公司设计开发，笔者作为设计咨询方，参与方案的研讨与设计。

5.3.2 徐州地铁设计方案的实施

地铁是在城市中修建的快速、大运量、用电力牵引的轨道交通，具备快速、高效、可靠、环保等优点。徐州地铁因线路初建、未形成全覆盖网络、站点设置较远、城市拥堵状况一般等原因，所以搭乘的人较少。

借鉴需求层次理论，人们对交通服务的需求也有很多层次。最基本的需求是能够安全到达目的地。随着社会经济的发展以及交通设施的日益完善，这一需求基本都已满足。在此基础上，人们又延伸出了许多其他需求，如快捷性(少换乘、少拥堵、距离站点近)、舒适性(空间宽敞、影音系统、空调热水等配置齐全)、准时性(少延误)、高确定性等。这类需求主要是不同人群的多样化需求，乘客能有自主选择的空间，相比安全到达，在需求层次上又提升了一级。在这些需求也被满足的情况下，高科技的发展又为需求层次的提高创造了可能，包括实时信息发布、智能的人机交互等，实现交通体验的意义创造，吸引人们再次使用，培养使用习惯。交通服务需求层次如图 5-12 所示。

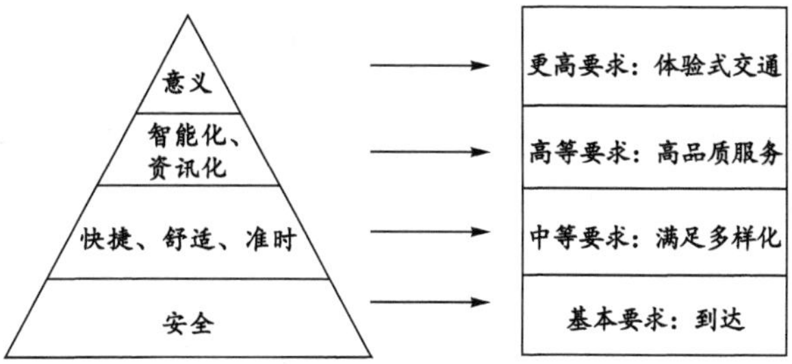

图 5-12　交通服务需求层次示意图

根据徐州地铁集团有限公司的设计要求，即以高质量的服务吸引更多人群乘坐地铁出行，我们的目标人群定为除首选地铁为交通工具的人群外的其他潜在用户。为了解人们对地铁服务的需求以及选择意愿，设计团队在徐州主城区(不仅限于地铁沿线区域)展开市民乘坐地铁意愿调查。共随机发放 1 300 份问卷，有效回收 1 260 份。经统计，首选乘坐地铁出行的人群多为 18～40 岁的中青年人群，以日常通勤和上学为主、外出娱乐为辅(见图 5-13)。低频次选择地铁出行的原因主要有：公交车直达(其他交通工具更加便利)、体验感不佳、安全性和身体状况等原因(见图 5-14)。为了进一步了解体验感不佳的人群的需求，设计团队针对该部分问卷进行回访，进一步探索人们在体验感上的不满之处，得到访谈信息共计 1 万多字，将其整理后放入词云分析软件得到关键词的主要分类(见图 5-15)。

词云，又叫“标签云”(tag cloud)或者“文本云”(text cloud)，是数据可视化中文本可视化范畴内的一种，通常将文本的大小和关键指标进行绑定，可以快速进行关键词的聚类分析。

经过词云处理后可见，有很多受访者反馈了如地铁基本运行在城市下方，车窗大部分时间处于全黑状态且有时会反光，让人感觉与外界环境脱离以及座椅

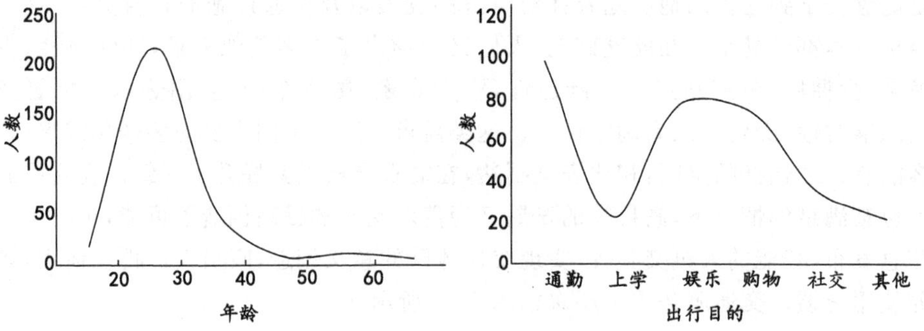

图 5-13　问卷基本信息数据图

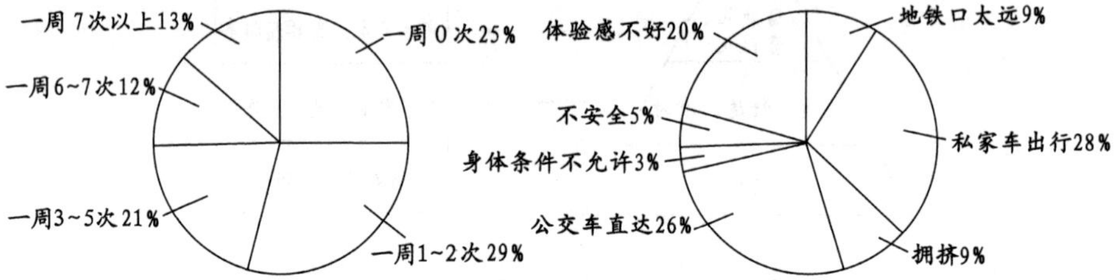

图 5-14　受访者乘坐地铁情况统计图

图 5-15　问卷访问结果词云图

不舒适、配置较少等问题。结合回访结果,笔者带领设计团队按照 V-CEPM-V 模型对乘坐地铁的人群进行进一步访谈和记录观察。

设计团队成员结合访谈结果和实地观察情况,自行搭乘地铁 2 号线感受各个环节(见图 5-16)。结合本研究对交通体验的定义,将乘车过程分为 3 个部分:乘车前、乘车中、乘车后。经过观察,按照人们的实际行为过程将其再度细分为 7 个主要行为:进站、购票、安检、候车、乘车、检票、出站。对 7 个主要行为进行 V-CEPM-V 要素分析后发现,人们交通体验的意义分别存在于两点:一是目标导向,即通过目标的实现来获得成就感,接受交通服务的过程顺滑、没有不良情绪的出现。二是全方位导向,包括与环境设施、工作人员甚至其他乘客的互动,人们在交通体验过程中保持着一种开放的心态,换言之,人们的注意力会被周围环境中发生的一切事物吸引。全方位导向对可能发生的事情都持开放的态度,使得偶然和巧合成为体验的一部分,为了增加交通体验中机缘巧合的事情,在载体的设计中要增加连接的可能性,只有加大人与环境、人与个人、人与群体的连接,才有更多体验和意义创造的可能。

交通体验中的载体包含设施、服务和环境,是人们期许、进程、连接、意义这 4 个要素实现的物质基础。根据前文的调研分析,以下进行设施和服务的设计呈现。

(1) 设施:抓手和座椅设计

无论载体基础与哪种连接类型和参与方式相关联,首先必须找到载体的服务对象和目标人群。针对原方案过度考虑最大承载力而牺牲通过性体验的问题,结合市民体态特征,设计优化了单位长度距离上抓手的布局,多角度的抓手作为载体,成了人与设施、人与人之间的连接,要素推导及草图如图 5-17 所示。人们在使用抓手的过程中,触发了行为参与和认知参与,并可能因为微妙的互动而产生情感参与,使之成为一段交通体验。最终的抓手及车厢设计效果如图 5-18 所示。

以往地铁设计项目中,座椅的设计多采用 3 种形式,分别是贯通式、座面分割式和靠背分割式。贯通式虽然整体效果较好但缺乏座位范围的提示;座面分割式因为其表面起伏影响乘坐舒适度;靠背分割式则影响车厢内的整体性,并且提示的力度也较弱。

本次座椅设计在统一化设计语言的形式下,采用微曲面设计来提升座位数和正确位置的识别度,解决过分拥挤时肢体接触导致的不便和乘客权益受侵犯的问题,避免进程中消极连接的建立。设计草图如图 5-19 所示,设计效果如图 5-20 所示。

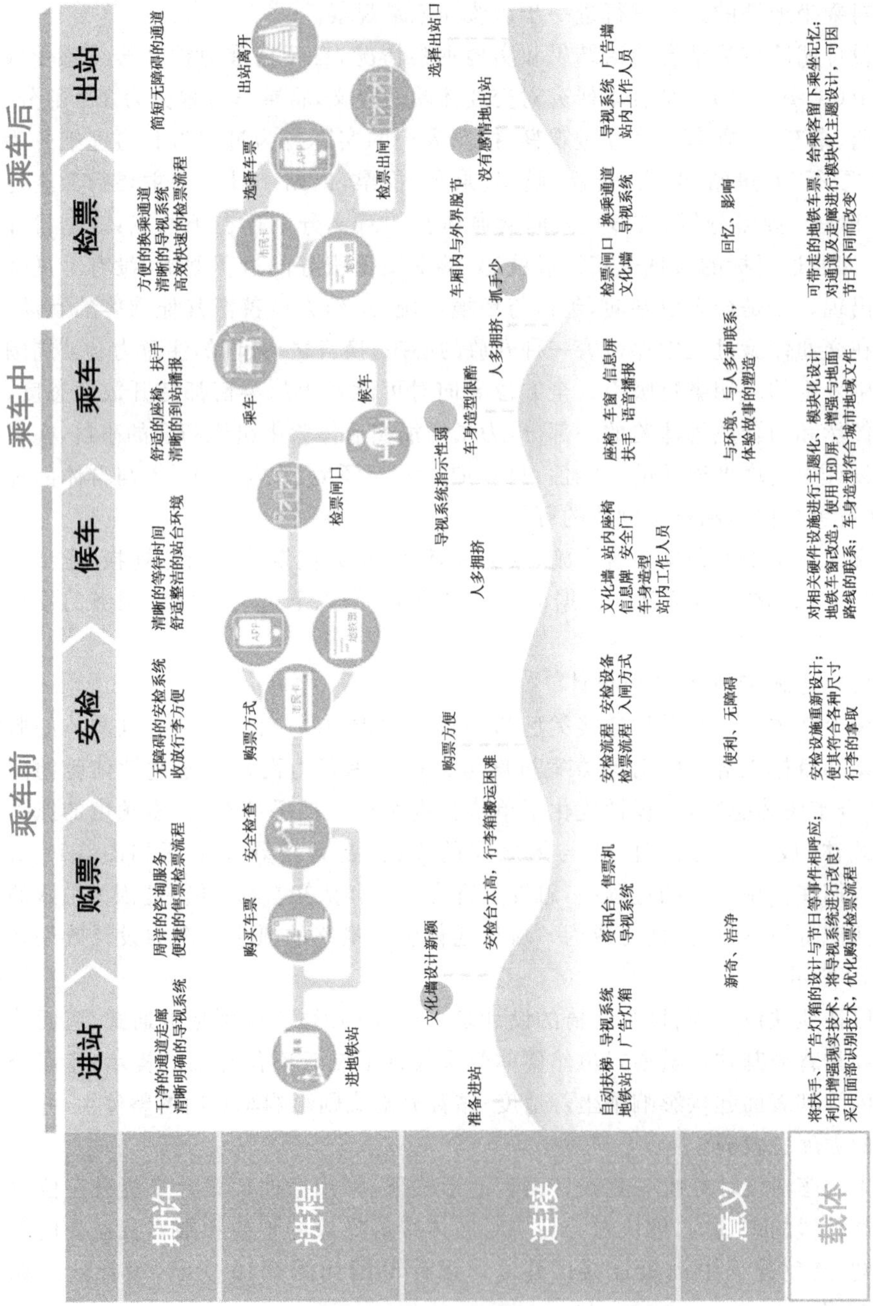

图 5-16 地铁服务体验 V-CEPM-V 要素分析图

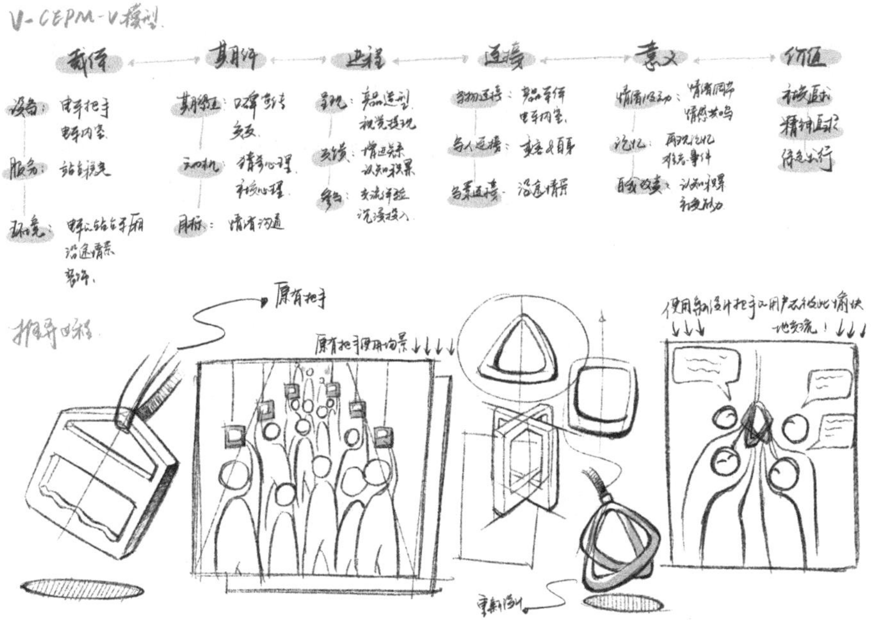

图 5-17 地铁抓手设计要素推导及草图

（资料来源：设计专项组绘制，2021）

图 5-18 地铁抓手与车厢设计效果图

（资料来源：设计专项组绘制，2021）

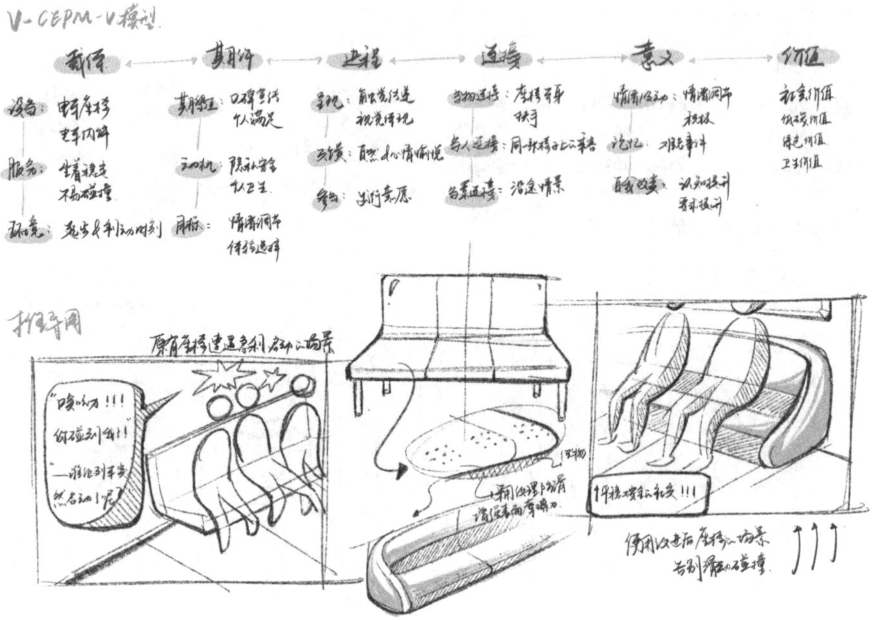

图 5-19　根据模型推导出的地铁座椅设计草图

（资料来源：设计专项组绘制，2021）

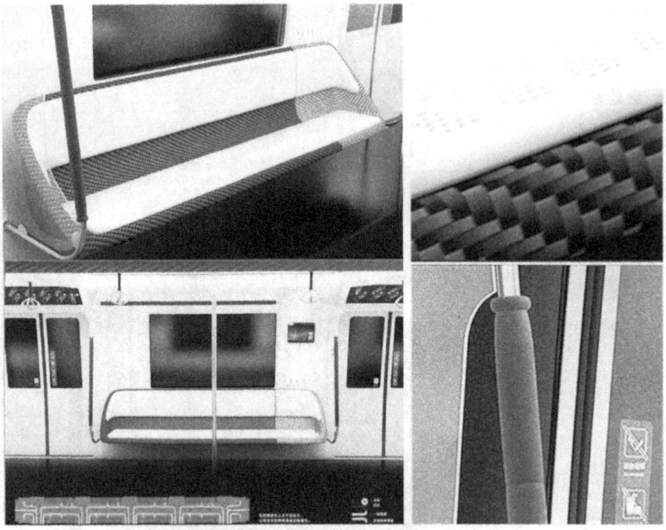

图 5-20　地铁座椅设计效果图

（资料来源：设计专项组绘制，2021）

(2) 设施：车身外观设计

地铁作为城市意象的构成要素之一，是外地旅客认知城市文化的缩影和窗口。设计团队经广泛调研后筛选出典型文化，而后拆解成为设计元素进行提取、抽象、转化、融合后运用到地铁外观设计中。该线路车辆以徐州的两汉文化、风土人情、汉代化石为设计“原料”，进行符号提取和抽象转化，色彩上也主要以两汉时期常见的黑红配色为主(见图 5-21)。

图 5-21　地铁外观设计效果图

(资料来源：设计专项组绘制，2021)

(3) 服务：建立人与环境的连接

在前期的访谈过程中，发现由于地铁始终在地下运行，外地游客往往会选择与城市关联性更强的交通工具来认知这座城市。为了缝合地铁与地面世界的关系，设计团队提出可以在列车车窗采用 LED 屏和实时投影技术，将地铁运行线路外的城市风光呈现在车窗上，并且游客们还可以通过扫描二维码的形式得到周边旅游景点的语音讲解和导览。这样该线路就与外界的连接建立起联系，使其具备网红地铁的特性，并用宣传和口碑影响游客的预期，吸引游客前来打卡乘坐(见图 5-22)。

(4) 服务：建立人与人、人与环境的连接

有了 LED 屏的窗户，不仅可以成为沿线风景的反射屏，还可以成为人与人之间的连接纽带。人们在第一次接受新鲜事物时，心情是激动、难忘的，但多次体验以后便会习以为常。例如，首次在重庆李子坝站体验过轻轨穿楼的人，好奇

图 5-22　人与环境的连接设计效果图
（资料来源：设计专项组绘制，2021）

心得到满足之后便不会再去，这是因为打卡新奇的站点便是这次交通体验的意义所在。设计团队针对设施的恒定与人们经历过后体验的衰减之间的矛盾，利用多媒体投影技术，将城市文化、节日氛围作为体验主题融入交通设施与服务中，如站外建筑、站内屏幕等；并且在非通勤时段，人们可以通过 App 预定或扫二维码的方式，选择列车屏幕进行投屏和分享，以 LED 屏为载体，连接人与环境、人与人，共同塑造这段交通体验的意义（见图 5-23）。

图 5-23　人与人、人与环境的连接设计效果图

（资料来源：设计专项组绘制，2021）

5.4　本章小结

本章第一部分通过工作坊实践对比 V-CEPM-V 模型运用的效果。通过两组实验比较使用模型和未使用模型来区别交通体验设计，结果显示使用模型进行设计的小组平均得分明显高于未使用模型的小组。通过对比分析排名前两位的设计作品和排名后两位的设计作品，以及使用模型的小组中得分最低的设计作品和未使用模型的小组中得分较高的设计作品，可以进一步发现，V-CEPM-V

模型在体验框架下可以实现交通服务的有效创新和开发，但是此方法依然受限于设计者自身的基础水平，就如同前面的实验表明，在使用了模型进行设计的小组中，依然存在得分较低的情况，所以如果设计者自身水平有限，则无法良好地掌握该模型的使用方法。同时，这也说明了为了实现交通体验的意义，交通服务的设计目标是通过对载体的设计实现进程的流畅性、连接的有效性以及构建意义的可能性，最终实现超乎预期的价值而吸引人们再次使用，以形成习惯。

第二部分是对模型使用情况的总结和反思，通过参与者的建议和反馈，完善和开发模型的使用方式和方法。

第三部分是模型指导设计实践的案例过程，将理论模型运用到徐州地铁 2 号线的设计委托项目中，通过利用 V-CEPM-V 模型对徐州地铁的交通体验进行分析，在设施和服务上分别进行了设计，以建立有效连接从而创造意义。

6 结　语

本章主要分为3个部分:第一部分介绍本研究的研究结论;第二部分介绍本研究的创新点与价值;第三部分介绍本研究存在的不足,以及对未来相关研究的展望。

6.1 研究结论

由于笔者本身的研究背景,所以一直关注与交通相关的设计。近年来通过亲身经历以及观察与访谈,笔者发现人们对于交通的需求已不再局限于完成自身的空间转移行为,不再是单纯的高效、便捷,而是交通过程所带来的体验是否美好,甚至令人难忘。虽然我国在相关政策上也提出要给人们提供美好的交通服务,但设施和服务的相对独立使得人们无法从中得到稳定、明确且美好的体验。所以笔者提出应将人们接受交通服务时产生的体验作为直接设计的对象,以体验设计驱动交通服务的创新。

第1章综合介绍本研究的背景、现状,解释了将交通体验作为设计研究对象的原因,制订了研究计划与方法。第2章对交通进行了概念上的梳理,结合本研究的研究内容对交通、交通服务及其组成作了界定,并介绍与本研究相关的理论及方法。第3章主要通过扎根理论这一质性研究方法,对问卷调查数据进行逐级编码,挖掘出交通体验的影响因素并对交通体验作了定义。第4章进行多次卡片分类实验,提取具有设计指导性的交通体验要素及要素之间的构成关系,产出V-CEMP-V模型,并以高德地图作为经典案例论证交通要素在实践中的体现。第5章通过工作坊对比实验和徐州地铁的设计实践,论证V-CEMP-V模型的理论与方法的指导性与可实施性。第6章是对全书的总结与展望。

本研究提出人们对交通的需求不仅仅局限于效率层面,考虑到如今交通服务中的体验成了人们新的追求,应将交通服务视为一个整体,以交通服务中的体验作为直接设计对象,得出交通体验的影响因素及构成要素,并得出交通体验V-CEMP-V模型,为交通服务创新设计提供新的方法和视角。

(1) 提出交通服务的概念

交通服务是从用户角度来看的一种综合服务,它将物理设施、交通工具、多渠道服务与运输人员或其他乘客连接在一起，是人们进行空间移动行为时接触到的产品或服务的集合，即交通 PSS。交通服务的创新应是在考虑乘客的需求之余，强调乘客的交通体验，侧重提升乘客在此过程中的满足感，以最大限度满足乘客的需求并为其创造新的价值为目标。

(2) 交通体验的质性研究及影响因素

笔者通过扎根理论、半结构化访谈等质性研究方法，得出交通体验是由个人的感受、预期和影响所构成的内部因素以及由设施、服务和环境所构成的外部因素在互相触发和匹配过程中逐步形成的。内容、预期、影响、设施、服务、环境 6 个主要因素及其相关的 34 个二级因素，有助于加深对交通体验的理解。

(3) 交通体验的要素构成 V-CEMP-V 模型

经过 3 次卡片分类法，最终提取出交通体验的 6 个构成要素：载体、连接、期许、进程、意义、价值。交通体验的 6 个要素之间是互相关联、互相影响的，在不同情境下发挥不同的作用。设施和服务构成交通体验的基础要素——载体，是人们借以实现空间移动行为的基础，也是交通体验得以产生的前提。人们怀揣着期许选择某一种交通服务，在一系列的进程中和载体以及他人发生不同程度、不同方式的连接，实现了意义的可能性，价值是个体对这一段经历感知后的赋能过程，价值会对个体产生正向激励，触发良性互动，吸引个体再次使用。

6.2 研究价值

本研究提出将交通服务视为一个整体(交通 PSS)，将个体在接受交通服务过程中的体验作为直接的设计对象，以构建美好的交通服务为目标，给设计者提供了崭新的研究领域。本研究的价值主要有以下两点。

① 本研究提出交通体验的概念，并探究其影响因素及构成模式。将交通体验作为直接的设计对象，得出 V-CEMP-V 模型，不仅拓展了设计学科的研究范围，也为交通服务的创新提供了新的视角与方法。

② 本研究的研究成果可应用于跨学科领域的相关研究。本研究所得出的交通体验要素及模型，不但适用于设计学科领域，指导相关产品及服务的开发与创新，还可为管理学、社会学等关注交通领域的研究提供新的思路与视角。因此，本研究的研究成果具有普适性价值。

6.3 不足与展望

随着研究的推进和结论的产出，笔者也在不断地思考本研究应再继续完善和深入的 3 个方面。

① 本研究以接受交通服务而产生的交通体验为研究和设计的对象，而交通体验的产生不仅来自交通服务，还来自外界的环境，虽然在影响因素中已将其罗列，但由于运行线路及相关环境的不确定性，这部分很难被纳入设计中。

② 本研究针对 V-CEMP-V 模型的论证，在评分阶段还缺少更加科学和严谨的标准与方法；同时，对象的选择与实验方法的实施还可以进一步推敲，从而以更加客观的数据证实模型的可靠性，便于模型的应用与推广。

③ 本研究在对各要素及各二级要素的案例分析中，存在案例较少且还不太全面的问题，在后续研究中需要更多相关的案例作为模型运用和分析的支撑。

附 表

附表 1 研究期间访谈对象列表

所在单位	访谈对象关键词	访谈日期	地点
江南大学	教授、博导、设计哲学	2018.12.13	无锡
澳门科技大学	教授、博导、视觉传达	2018.12.18	澳门
澳门科技大学	教授、博导、艺术史	2019.01.03	澳门
澳门科技大学	教授、环境设计	2019.01.03	澳门
澳门科技大学	博士、营销学	2019.01.05	澳门
澳门科技大学	博士、用户研究	2019.01.05	澳门
香港铁路(澳门)有限公司	工程师、技术专家	2019.01.07	澳门
澳门城市大学	博导、教授、建筑设计	2019.03.04	澳门
澳门城市大学	教授、服务设计	2019.03.04	澳门
澳门新福利巴士	终端运营	2019.03.07	澳门
徐州市交通运输局	综合运输处	2019.03.11	徐州
徐州市交通运输局	科技环保处	2019.03.11	徐州
徐州市交通运输局	宣传教育处	2019.03.11	徐州
南京工业大学	教授、产品设计	2019.03.12	南京
徐州工程学院	教授、绿色设计	2019.03.13	徐州
徐州工程学院	副教授、环境设计	2019.03.13	徐州
中车株洲电力机车有限公司	项目负责人、设计师	2019.03.16	株洲
宇通客车	体验官、设计主管	2019.03.18	郑州
江南大学	博士、组织设计	2019.03.19	无锡
江南大学	博士、服务设计	2019.03.19	无锡
江南大学	博士、副教授、环境设计	2019.03.19	无锡
常州客车制造厂	工程师	2019.03.21	常州
常州市工业和信息化局	信息化发展处	2019.03.21	常州
青桔单车	副教授、环境设计	2019.05.07	成都
西南交通大学	博导、教授、工业设计	2019.05.07	成都

附表 1(续)

所在单位	访谈对象关键词	访谈日期	地点
天星小轮	船舱服务人员	2019.05.10	香港
华派设计有限公司	设计主管、经理	2019.05.13	长沙
XXY Innovation	运营主管、视觉传达	2019.05.15	无锡
英诺品牌策划	设计主管	2019.05.17	苏州
美国明尼苏达	博士、交互设计	2019.05.17	美国
小米	用户研究、设计师	2019.05.24	北京
滴滴出行	终端运营、用户研究	2019.05.24	北京
北京服装学院	副教授、服务设计	2019.05.25	北京
广州日产	CMF 设计师	2019.06.12	广州
剑桥大学	博士后、设计爱好者	2019.06.12	英国
广汽本田	设计总监	2019.06.15	广州
广州美术学院	副教授、服务设计	2019.06.16	广州
广汽研究院	副教授、服务设计	2019.06.16	广州
inDare 创异事务所	设计师、体验官	2019.06.20	深圳
无	自由设计师	2019.06.21	广州
无	自由设计师	2019.08.09	苏州
同济大学	教授、博导、服务设计	2019.08.10	上海
青岛四方机车	行业内专家	2019.08.20	青岛

附表 2　访谈对象基本信息统计

项目	类别	人数	比例
所在地	江苏	165	30.00%
	上海	100	18.20%
	广东	85	15.50%
	澳门	70	12.70%
	贵州	55	10.00%
	四川	40	7.27%
	北京	25	4.54%
	重庆	10	1.81%
访谈方式	面对面访谈	170	30.90%
	网络在线访谈	380	69.10%

附表 2(续)

项目	类别	人数	比例
性别	男	242	48.40%
	女	308	51.60%
年龄	18～30岁	358	65.10%
	31～40岁	132	24.00%
	40～50岁	37	6.73%
	50岁以上	23	4.17%
职业	行业内专家	37	6.64%
	教授、学者	14	2.55%
	政府机关人员	24	4.36%
	白领、蓝领工作者	46	8.36%
	在校大学生	304	55.30%
	自由职业者	125	22.70%

附表 3　开放式编码过程及结果

范畴	原始资料语句
猎奇心理	R033:之前经常坐火车,第一次坐飞机回学校时我感觉很新鲜,想体验坐飞机飞上天是什么感觉。因为是第一次坐飞机,为了保险起见,当天我提前了两个多小时到机场。行李托运以及排队进入候机楼都需要时间,有时可能因为带了不能托运的东西,需要折回处理重新排队,人不多还好,人多就很费时间
	R139:我去了重庆红土地站,就是为了体验一下传说中我国最深的地铁站。扶梯特别长,纵向深度大,我转了十几分钟才到最下面,差点想放弃
	R139:初中坐飞机去四川旅行,本以为第一次坐飞机会有不适,没想到乘坐全程体验感很好,航空公司服务很周到,几乎无不适感
	R224:第一次坐飞机时就见到上面配备独立电视屏,自那以后再也没坐过国际航班
	R177:高考结束后的暑假,由于我没有坐过飞机,就想着趁假期体验一次,跟爸妈商量之后就准备坐飞机去香港玩。接着我去公安局办了港澳通行证,这一步感觉还是挺麻烦的,因为要为了出行特地去做一件事
	R083:因为某辆车或者地铁上装饰着好看的动漫插画而去打卡

附表 3(续)

范畴	原始资料语句
口碑宣传	R258:乘坐大巴在云南旅游的时候,途中经过了许多盘山公路和隧道,沿途的风景十分优美
	R168:澳门轻轨的首发可以免费乘坐。车站和车辆都非常新,站内的导视牌指示明确没有歧义。站内有工作人员帮助刷卡、指引路线和辅助乘坐,非常贴心。车辆内部干净通透,沿途可观赏澳门的景色,大人和小孩乘坐时都非常开心
	R139:初中坐飞机去四川旅行,本以为第一次坐飞机会有不适,没想到乘坐全程体验感很好,航空公司服务很周到,几乎无不适感
	R079:在孩子 4 岁时带他去了北京,这是孩子记事以来第一次坐高铁,之前他通过绘本了解过一些关于北京、高铁和旅游等方面的知识,这次算是实践了
	R175:由父母引导、孩子参与,双方通过思维导图一同制订计划,选车次、酒店、景点、美食,再到双方亲身体验整个旅行过程。大人在开心旅行的同时见证了孩子的成长,大人和孩子都感觉很棒
事前认知	R055:乘地铁去鸡鸣寺非常方便,中途转两次地铁就好了,在站内就可以直接转,出了站直接就到目的地了
	R168:澳门轻轨的首发可以免费乘坐。车站和车辆都非常新,站内的导视牌指示明确没有歧义。站内有工作人员帮助刷卡、指引路线和辅助乘坐,非常贴心。车辆内部干净通透,沿途可观赏澳门的景色,大人和小孩乘坐时都非常开心
	R175:由父母引导、孩子参与,双方通过思维导图一同制订计划,选车次、酒店、景点、美食,再到双方亲身体验整个旅行过程。大人在开心旅行的同时见证了孩子的成长,大人和孩子都感觉很棒
	R177:高考结束后的暑假,由于我没有坐过飞机,就想着趁假期体验一次,跟爸妈商量之后就准备坐飞机去香港玩。接着我去公安局办了港澳通行证,这一步感觉还是挺麻烦的,因为要为了出行特地去做一件事
	R227:到了香港之后,我坐过最多的交通工具就是地铁。香港的地铁线分布很广、很细,一般想去哪里只需要坐地铁就行。原本以为在香港打车只要招手的士就会停下,结果我在路边怎么招手都没有车停,后来才知道要到特定的的士站打的,在这一方面感觉还是内地的打车方式更方便。香港有一种交通工具叫作"叮叮车",以前只在电影里见过,和内地的公交车差不多,但上下车的顺序和内地公交车不同
	R277:香港叮叮车的上下车顺序和地铁差不多,乘客从后门上车,到站从前门下车,下车时支付车费。支付方式只有两种:一种是投币,且不找零钱;另一种是刷卡,我忘了卡叫什么名字,总之是香港特有的交通卡。不能用微信和支付宝的感觉真的不好

附表 3(续)

范畴	原始资料语句
路径选择	R102:那次是我第一次乘坐高铁出远门,途中由于天色昏暗我没看到什么景色,只是觉得时间过得很快,我希望高铁可以慢一点,这样我就可以多和爸爸坐一会儿
	R204:我第一次独自出远门,从老家到重庆,一路上都很胆怯,到了一个地方不知道怎么走就问路人,他们都会耐心地告诉我。搭乘地铁询问出口时,由于当地方言难懂,我觉得自己好像到了国外一般
	R055:乘地铁去鸡鸣寺非常方便,中途转两次地铁就好了,在站内就可以直接转,出了站直接就到目的地了
	R262:印象最深刻的高二暑假的一次徒步旅行,我们从宿迁走到安徽再到商丘,再从商丘走回来。烈日炎炎,用一个字形容就是:晒。走的路全都是公路,基本没有乡间小路,而且走到后期时根本不想打伞,因为太累了,只有刚徒步的那几天体力好,有力气举着伞。另外,我们是在公路上走的,水很快就没了,也没有地方补给,走半天才能喝上水。徒步一走就是一天,到晚上直接洗完澡就睡
	R164:骑着共享单车围着大龙湖附近转悠来锻炼身体
	R321:这次和家人一起去微山湖是临时决定的,我们开车看到微山湖的牌子时本来以为就到了,其实并没有,我们还要坐船到对岸。在坐船的途中,我看到微山湖的村民使用自制的划行工具划船,就像语文课本里描写的"一叶扁舟"一样,亲眼看到还是觉得很神奇。我们逛了微山湖的巷子,吃到了微山湖的特产,还买了芦苇折的青蛙和当地人自制的油纸伞和鸭蛋,这些无不体现劳动人民的智慧,这是一次令我难以忘怀的出行
	R039:去上海时我没有选择高铁这种便捷的交通工具,而是选择需要一天一夜的长途客车,就是为了观赏去上海途中的风景
交通习惯	R033:之前经常坐火车,第一次坐飞机回学校时我感觉很新鲜,想体验坐飞机飞上天是什么感觉。因为是第一次坐飞机,为了保险起见,当天我提前了两个多小时到机场。行李托运以及排队进入候机楼都需要时间,有时可能因为带了不能托运的东西,需要折回处理重新排队,人不多还好,人多就很费时间
	R039:去上海时我没有选择高铁这种便捷的交通工具,而是选择需要一天一夜的长途客车,就是为了观赏去上海途中的风景
	R208:小时候,有次一家人开车出去,在车里说说笑笑,目的地是哪里我已经忘记了,只记得我躺在后排,手臂垫着头,透过车窗,看外面灰蒙蒙的天空和相较之下青翠异常的路边的树,我坐在车里莫名有一种晃晃悠悠的感觉
	R322:现在出行非常方便,尤其是我们老年人,以前想上哪去都要等孩子有空才能开车带去,现在只要在手机上预约出租车一会就到非常方便,感谢平台
	R236:周末骑自行车出行,锻炼身体
	R301:我平时出行次数很多,最近一次是从武汉飞往徐州,第一次体验 3+3 短途小飞机的商务舱,就是宽一点的大板凳,但是空姐的服务明显好很多

附表 3(续)

范畴	原始资料语句
意外惊喜	R120:有一次,我心情不好,随便乘了学校门口的公交,随机下站,吃到了好吃的卷饼,心情也好了许多
	R168:澳门轻轨的首发可以免费乘坐。车站和车辆都非常新,站内的导视牌指示明确没有歧义。站内有工作人员帮助刷卡、指引路线和辅助乘坐,非常贴心。车辆内部干净通透,沿途可观赏澳门的景色,大人和小孩乘坐时都非常开心
	R317:我印象最深刻的是乘坐飞机去英国参加学术会议,在出关的时候,机场工作人员耐心地用英语和我交流
	R301:我平时出行次数很多,最近一次是从武汉飞往徐州,第一次体验 3+3 短途小飞机的商务舱,就是宽一点的大板凳,但是空姐的服务明显好很多
	R321:这次和家人一起去微山湖是临时决定的,我们开车看到微山湖的牌子时本来以为就到了,其实并没有,我们还要坐船到对岸。在坐船的途中,我看到微山湖的村民使用自制的划行工具划船,就像语文课本里描写的"一叶扁舟"一样,亲眼看到还是觉得很神奇。我们逛了微山湖的巷子,吃到了微山湖的特产,还买了芦苇折的青蛙和当地人自制的油纸伞和鸭蛋,这些无不体现劳动人民的智慧,这是一次令我难以忘怀的出行
风景可视性	R102:那次是我第一次乘坐高铁出远门,途中由于天色昏暗我没看到什么景色,只是觉得时间过得很快,我希望高铁可以慢一点,这样我就可以多和爸爸坐一会儿
	R039:去上海时我没有选择高铁这种便捷的交通工具,而是选择需要一天一夜的长途客车,就是为了观赏去上海途中的风景
	R313:在回老家的路上,我坐在爸爸的车上,享受那一段路程。家乡越来越好,路上不再那么坎坷泥泞,曾经低矮的房屋大都重新刷过漆。农村的绿植很多,我的眼睛得到了很好的放松
	R258:乘坐大巴在云南旅游的时候,途中经过了许多盘山公路和隧道,沿途的风景十分优美
	R159:进行一次体验式的出行,乘坐地铁从首站到末站,看人来人往、哪个站人最多,感受一座城市的生活节奏;看窗外的风景,感受这座城市的文化底蕴,让自己浮躁的心沉静下来
	R215:坐火车看沿途的风景,虽然行驶得慢一些但观景体验不错
	R236:坐绿皮火车,欣赏沿途风景
	R321:这次和家人一起去微山湖是临时决定的,我们开车看到微山湖的牌子时本来以为就到了,其实并没有,我们还要坐船到对岸。在坐船的途中,我看到微山湖的村民使用自制的划行工具划船,就像语文课本里描写的"一叶扁舟"一样,亲眼看到还是觉得很神奇。我们逛了微山湖的巷子,吃到了微山湖的特产,还买了芦苇折的青蛙和当地人自制的油纸伞和鸭蛋,这些无不体现劳动人民的智慧,这是一次令我难以忘怀的出行

附表 3(续)

范畴	原始资料语句
风景可视性	R224:自驾游,随心所欲,哪里风景好停哪里！时间自由！呜呼！游览祖国的大好河山
	R329:青甘大环线展现了草原—荒漠—草原的高海拔戈壁荒漠之景。我们全程自驾出行,没有任何目的地,每天的食宿也不固定,开到哪里就住哪里,走到哪里就吃到哪里,整个行程约 2 600 千米。这里的风景都在路上,我们不去人多的景点,也不去网红打卡地,只去风景最美的地方和有历史文化气息的地方。唯一的缺点就是太累了,我们每天都要行驶将近 600 千米的路程。还好整个旅行中都是晴天,我们的体验非常棒
	R039:去上海时我没有选择高铁这种便捷的交通工具,而是选择需要一天一夜的长途客车,就是为了观赏去上海途中的风景
	R314:暑假出去旅游,从草海到六盘水,再到贵阳,最后到广东
感官输入	R104:晚上用滴滴打车软件打车,司机的车内饰很有设计感,放的歌也很好听
	R206:有一次和舍友外出吃饭,回来得有点晚就叫了辆出租车。可能当时吃得有点撑再加上原本就有点晕车,上车以后我感觉很难受。那个司机很健谈,很快分散了我们的注意力,不一会就到学校了
	R239:高铁上有个小孩一直在吵闹,感觉挺烦的
	R159:坐地铁 1 号线从南医大·江苏经贸学院站到南京南站转地铁 3 号线。去仙林的地铁上人很少,地铁外的风景很不错,可以看见天空和远处的青山,听着手机里的音乐很放松、很享受
	R164:骑着共享单车围着大龙湖附近转悠来锻炼身体
	R051:我印象最深的是和爸爸妈妈一起去大学的路上,一家三口拎着大包小包,坐上了火车。学校离家比较远,我们坐了一天火车才到。火车虽然经济划算,但是行驶速度是真的慢,而且夜里旅客无法休息得当,会影响第二天的状态,特别是当行李多的时候,整个人会身心疲惫
	R180:滴滴出行的车子很好、很便捷、很有科技感,坐起来也很舒服
情感共鸣	R206:有一次和舍友外出吃饭,回来得有点晚就叫了辆出租车。可能当时吃得有点撑再加上原本就有点晕车,上车以后我感觉很难受。那个司机很健谈,很快分散了我们的注意力,不一会就到学校了
	R258:有一次我乘坐出租车,和司机闲聊,感受到司机群体生活的艰辛和不易
	R120:有一次,我心情不好,随便乘了学校门口的公交,随机下站,吃到了好吃的卷饼,心情也好了许多
	R163:有一次我用打车软件叫车,车没有什么特别的,但是司机非常风趣,在聊天过程中讲到某种方言的起源,与我们之前了解的差距很大,令人印象深刻

附表 3(续)

范畴	原始资料语句
情感共鸣	R321:这次和家人一起去微山湖是临时决定的,我们开车看到微山湖的牌子时本来以为就到了,其实并没有,我们还要坐船到对岸。在坐船的途中,我看到微山湖的村民使用自制的划行工具划船,就像语文课本里描写的"一叶扁舟"一样,亲眼看到还是觉得很神奇。我们逛了微山湖的巷子,吃到了微山湖的特产,还买了芦苇折的青蛙和当地人自制的油纸伞和鸭蛋,这些无不体现劳动人民的智慧,这是一次令我难以忘怀的出行
	R328:有一次我使用滴滴出行,司机非常贴心,得知车上有人容易晕车,就开得很慢很稳
	R334:我心情烦躁的时候,想去好好体验一下视觉盛宴,让自己放松,具体去哪里并不重要
	R310:去梵净山遇大雨很是狼狈
生理差异	R139:初中坐飞机去四川旅行,本以为第一次坐飞机会有不适,没想到乘坐全程体验感很好,航空公司服务很周到,几乎无不适感
	R240:我去云南登黄龙山时,第一次有高原反应。先是乘坐环山客车到达山腰,乘坐过程中我的高原反应剧烈,头晕目眩,多次呕吐;下山时乘坐缆车,过程较为放松。整个旅行过程较疲倦,主要因为高原反应下乘车比较痛苦
	R171:在厦门的时候约了一辆专车,司机服务态度很好,车子虽然很便宜,但是乘坐体验很好。当时我满头大汗坐上车子,感觉很舒适,行驶过程中可以静静看着沿途的风景
	R223:在上下班高峰期乘坐地铁时,有一位老人站在我的面前,我思考一下后起身给老人让座,却被旁边一个年轻的小伙子抢先坐了上来,我又没有勇气和他理论,便不高兴地走开了
	R275:坐高铁时,有个人在车上吐了,大家都挺尴尬的
	R328:有一次我使用滴滴出行,司机非常贴心,得知车上有人容易晕车,就开得很慢很稳
高效便利	R051:我印象最深的是和爸爸妈妈一起去大学的路上,一家三口拎着大包小包,坐上了火车。学校离家比较远,我们坐了一天火车才到。火车虽然经济划算,但是行驶速度是真的慢,而且夜里旅客无法休息得当,会影响第二天的状态,特别是当行李多的时候,整个人会身心疲惫
	R033:之前经常坐火车,第一次坐飞机回学校时我感觉很新鲜,想体验坐飞机飞上天是什么感觉。因为是第一次坐飞机,为了保险起见,当天我提前了两个多小时到机场。行李托运以及排队进入候机楼都需要时间,有时可能因为带了不能托运的东西,需要折回处理重新排队,人不多还好,人多就很费时间
	R180:滴滴出行的车子很好、很便捷、很有科技感,坐起来也很舒服
	R171:在厦门的时候约了一辆专车,司机服务态度很好,车子虽然很便宜,但是乘坐体验很好。当时我满头大汗坐上车子,感觉很舒适,行驶过程中可以静静看着沿途的风景

附表 3(续)

范畴	原始资料语句
高效便利	R301:我平时出行次数很多,最近一次是从武汉飞往徐州,第一次体验 3+3 短途小飞机的商务舱,就是宽一点的大板凳,但是空姐的服务明显好很多
	R322:现在出行非常方便,尤其是我们老年人,以前想上哪去都要等孩子有空才能开车带去,现在只要在手机上预约出租车一会就到非常方便,感谢平台
	R103:不管是寒冬还是酷暑,我们只需提前预约打车,滴滴司机就能在指定地点等我们上车,这大大减少了我们候车的时间;同时,顺风车也为我们节省了用车费
等待时间	R311:很多次去坐公交的时候,我刚到那里公交正好走掉,又得等很长时间
	R207:在高德软件上打车等了好久
	R258:高铁又快又稳,就是偶尔会晚点,需提前 10 分钟检票,如果错过了这趟班次可以改签一次
	R311:时间充足时我大多乘公交车,但有急事时就用打车平台打车更方便快捷
	R313:有一次长途旅行,我坐了 12 个小时的大巴,由于时间太长,旅行体验并不好
	R280:由于火车站离学校比较远,要先坐几分钟的公交,再坐差不多 1 个小时的地铁才能到火车站。有次我因为没有把握好时间导致差点没赶上火车,那时恰逢节假日,学生都比较多,出地铁的时候电梯比较慢,于是我就抱着行李箱从楼梯跑了上去
	R103:不管是寒冬还是酷暑,我们只需提前预约打车,滴滴司机就能在指定地点等我们上车,这大大减少了我们候车的时间;同时,顺风车也为我们节省了用车费
	R156:青岛的环海公交,主要是为了照顾游客,车上面的各种装饰也很应景
沉浸投入	R258:有一次我乘坐出租车,和司机闲聊,感受到司机群体生活的艰辛和不易
	R120:有一次,我心情不好,随便乘了学校门口的公交,随机下站,吃到了好吃的卷饼,心情也好了许多
	R163:有一次我用打车软件叫车,车没有什么特别的,但是司机非常风趣,在聊天过程中讲到某种方言的起源,与我们之前了解的差距很大,令人印象深刻
难忘事件	R011:有一次我骑共享单车,刹车故障害我重重地摔了一跤,以至于很长一段时间我都不敢再去骑共享单车
	R313:有一次我坐公交车,车的尾部突然起火了,由于车里人很多,下车的时候人挤人,后来驾驶员用灭火器把火熄灭了,我们又去另一个地方等车
	R209:有一次我骑电动车迷路了,当时看着面前的路,觉得很熟悉,于是凭借印象,将电动车拧到底一路往前行驶。当我发现已经到了人烟稀少的地方时,出于害怕我打开了腾讯地图,才发现都快到高速路口了

附表 3(续)

范畴	原始资料语句
难忘事件	R260:那天坐公交,有人非逼着我给一位奶奶让座,我看了看那个人,30 多岁,身强力壮,非要我让座,但是我还是让了。不是因为我不想和他理论,而是我觉得没必要跟这种人计较
	R319:和朋友两个人骑一辆共享单车,遇到了一个小坑,没有躲过去,两个人都摔了一跤。一个月后摔伤的地方才不怎么疼
	R222:公交车途中爆胎了,太倒霉了,上班又迟到了
再现记忆	R313:在回老家的路上,我坐在爸爸的车上,享受那一段路程。家乡越来越好,路上不再那么坎坷泥泞,曾经低矮的房屋大都重新刷过漆。农村的绿植很多,我的眼睛得到了很好的放松
	R208:小时候,有次一家人开车出去,在车里说说笑笑,目的地是哪里我已经忘记了,只记得我躺在后排,手臂垫着头,透过车窗,看外面灰蒙蒙的天空和相较之下青翠异常的路边的树,我坐在车里莫名有一种晃晃悠悠的感觉
	R262:印象最深刻的高二暑假的一次徒步旅行,我们从宿迁走到安徽再到商丘,再从商丘走回来。烈日炎炎,用一个字形容就是:晒。走的路全都是公路,基本没有乡间小路,而且走到后期时根本不想打伞,因为太累了,只有刚徒步的那几天体力好,有力气举着伞。另外,我们是在公路上走的,水很快就没了,也没有地方补给,走半天才能喝上水。徒步一走就是一天,到晚上直接洗完澡就睡。那次一共走了 34 天,人被晒得黢黑。但是只要路过一个好玩的地方,第二天我们都会在那逗留一个上午,去看看那里的景点,或者随便逛逛。途中印象最深的就是一个下雨天,我们在一个小镇的毛坯房里躲雨,没想到那里居然是一个幼儿园。那里真的非常简陋,我们在躲雨的时候跟小朋友们聊天,过了两个小时,雨还是没停,我们就用化肥的袋子,做成一个斗笠的形状,戴在头上,走着去车站
	R011:有一次我骑共享单车,刹车故障害我重重地摔了一跤,以至于很长一段时间我都不敢再去骑共享单车
	R248:和朋友在街上、商场或者广场上闲逛,不特意去哪,不怎么买东西,说说笑笑漫无目的地晃悠,渴了就买点奶茶然后继续逛,这是我理解的体验式出行
自我形象	R204:我第一次独自出远门,从老家到重庆,一路上都很胆怯,到了一个地方不知道怎么走就问路人,他们都会耐心地告诉我。搭乘地铁询问出口时,由于当地方言难懂,我觉得自己好像到了国外一般
	R120:有一次,我心情不好,随便乘了学校门口的公交,随机下站,吃到了好吃的卷饼,心情也好了许多
	R334:我心情烦躁的时候,想去好好体验一下视觉盛宴,让自己放松,具体去哪里并不重要
	R177:高考结束后的暑假,由于我没有坐过飞机,就想着趁假期体验一次,跟爸妈商量之后就准备坐飞机去香港玩。接着我去公安局办了港澳通行证,这一步感觉还是挺麻烦的,因为要为了出行特地去做一件事

附表 3(续)

范畴	原始资料语句
情绪调节	R248:和朋友在街上、商场或者广场上闲逛,不特意去哪,不怎么买东西,说说笑笑漫无目的地晃悠,渴了就买点奶茶然后继续逛,这是我理解的体验式出行
	R120:有一次,我心情不好,随便乘了学校门口的公交,随机下站,吃到了好吃的卷饼,心情也好了许多
	R327:走路吧,时间会慢一些,但看风景能更投入
	R179:第一次开车绕市区逛了一圈,感觉心情变好了
	R334:我心情烦躁的时候,想去好好体验一下视觉盛宴,让自己放松,具体去哪里并不重要
增进关系	R313:在回老家的路上,我坐在爸爸的车上,享受那一段路程。家乡越来越好,路上不再那么坎坷泥泞,曾经低矮的房屋大都重新刷过漆。农村的绿植很多,我的眼睛得到了很好的放松
	R248:和朋友在街上、商场或者广场上闲逛,不特意去哪,不怎么买东西,说说笑笑漫无目的地晃悠,渴了就买点奶茶然后继续逛,这是我理解的体验式出行
	R079:在孩子 4 岁时带他去了北京,这是孩子记事以来第一次坐高铁,之前他通过绘本了解过一些关于北京、高铁和旅游等方面的知识,这次算是实践了
	R175:由父母引导、孩子参与,双方通过思维导图一同制订计划,选车次、酒店、景点、美食,再到双方亲身体验整个旅行过程。大人在开心旅行的同时见证了孩子的成长,大人和孩子都感觉很棒
认知积累	R033:之前经常坐火车,第一次坐飞机回学校时我感觉很新鲜,想体验坐飞机飞上天是什么感觉。因为是第一次坐飞机,为了保险起见,当天我提前了两个多小时到机场。行李托运以及排队进入候机楼都需要时间,有时可能因为带了不能托运的东西,需要折回处理重新排队,人不多还好,人多就很费时间。飞机经济舱内部很干净整洁,登机以后飞机不会立刻起飞,需要等待一段时间,工作人员会一一检查旅客的行李。行李要尽量放在上方柜子里,或者旅客的脚边,之后乘务员会向旅客展示一些防护工具的使用方法。起飞前,乘务员会提醒旅客将手机调至飞行模式或者关机。经济舱有点吵,不知道头等舱怎么样。如果坐飞机刚好赶上吃饭时间,乘务员会为每一位旅客送上餐食。我第一次坐飞机时吃得还不错,后面几次感觉一般。总之,第一次坐飞机的体验就是服务好、速度快
	R028:如今时代的发展,无论是旅游还是回家,都变得方便很多,有高铁、飞机或者汽车等交通工具供我们选择,虽然有时堵车不可避免,但是整体来说出行的体验变得越来越好了
	R079:在孩子 4 岁时带他去了北京,这是孩子记事以来第一次坐高铁,之前他通过绘本了解过一些关于北京、高铁和旅游等方面的知识,这次算是实践了

附表 3(续)

范畴	原始资料语句
认知积累	R110:随着城市的快速发展,人们出行的交通工具也多样化了,可以骑共享单车、共享电瓶车,可以用手机打车,也可以乘坐公交、地铁,地铁路线的覆盖面扩大,大大降低了出行的时间和费用,我们深刻感受到了科技带来的美好
	R311:现在出行非常方便,尤其是我们老年人,以前想上哪去都要等孩子有空才能开车带去,现在只要在手机上预约出租车一会就到非常方便,感谢平台
	R168:澳门轻轨的首发可以免费乘坐。车站和车辆都非常新,站内的导视牌指示明确没有歧义。站内有工作人员帮助刷卡、指引路线和辅助乘坐,非常贴心。车辆内部干净通透,沿途可观赏澳门的景色,大人和小孩乘坐时都非常开心
	R317:去英国的一个目的是参加学术会议,另一个目的是体验异国他乡的人文风情
	R329:青甘大环线展现了草原—荒漠—草原的高海拔戈壁荒漠之景。我们全程自驾出行,没有任何目的地,每天的食宿也不固定,开到哪里就住哪里,走到哪里就吃到哪里,整个行程约 2 600 千米。这里的风景都在路上,我们不去人多的景点,也不去网红打卡地,只去风景最美的地方和有历史文化气息的地方。唯一的缺点就是太累了,我们每天都要行驶将近 600 千米的路程。还好整个旅行中都是晴天,我们的体验非常棒
个人满足	R120:有一次,我心情不好,随便乘了学校门口的公交,随机下站,吃到了好吃的卷饼,心情也好了许多
	R329:青甘大环线展现了草原—荒漠—草原的高海拔戈壁荒漠之景。我们全程自驾出行,没有任何目的地,每天的食宿也不固定,开到哪里就住哪里,走到哪里就吃到哪里,整个行程约 2 600 千米。这里的风景都在路上,我们不去人多的景点,也不去网红打卡地,只去风景最美的地方和有历史文化气息的地方。唯一的缺点就是太累了,我们每天都要行驶将近 600 千米的路程。还好整个旅行中都是晴天,我们的体验非常棒
	R227:到了香港之后,我坐过最多的交通工具就是地铁。香港的地铁线分布很广、很细,一般想去哪里只需要坐地铁就行。原本以为在香港打车只要招手的士就会停下,结果我在路边怎么招手都没有车停,后来才知道要到特定的的士站打的,在这一方面感觉还是内地的打车方式更方便。香港有一种交通工具叫作"叮叮车",以前只在电影里见过,和内地的公交车差不多,但上下车的顺序和内地公交车不同
	R277:香港叮叮车的上下车顺序和地铁差不多,乘客从后门上车,到站从前门下车,下车时支付车费。支付方式只有两种:一种是投币,且不找零钱;另一种是刷卡,我忘了卡叫什么名字,总之是香港特有的交通卡。不能用微信和支付宝的感觉真的不好
	R028:如今时代的发展,无论是旅游还是回家,都变得方便很多,有高铁、飞机或者汽车等交通工具供我们选择,虽然有时堵车不可避免,但是整体来说出行的体验变得越来越好了
	R317:我印象最深刻的是乘坐飞机去英国参加学术会议,在出关的时候,机场工作人员耐心地用英语和我交流

附表 3(续)

范畴	原始资料语句
社交场域	R033:工作人员会一一检查旅客的行李。行李要尽量放在上方柜子里,或者旅客的脚边,之后乘务员会向旅客展示一些防护工具的使用方法。起飞前,乘务员会提醒旅客将手机调至飞行模式或者关机
	R206:那个司机很健谈,很快分散了我们的注意力,不一会就到学校了
	R258:有一次我乘坐出租车,和司机闲聊,感受到司机群体生活的艰辛和不易
	R248:和朋友在街上、商场或者广场上闲逛,不特意去哪,不怎么买东西,说说笑笑漫无目的地晃悠,渴了就买点奶茶然后继续逛,这是我理解的体验式出行
	R208:小时候,有次一家人开车出去,在车里说说笑笑
	R163:有一次我用打车软件叫车,车没有什么特别的,但是司机非常风趣,在聊天过程中讲到某种方言的起源,与我们之前了解的差距很大,令人印象深刻
	R317:我印象最深刻的是乘坐飞机去英国参加学术会议,在出关的时候,机场工作人员耐心地用英语和我交流
	R204:我第一次独自出远门,从老家到重庆,一路上都很胆怯,到了一个地方不知道怎么走就问路人,他们都会耐心地告诉我。搭乘地铁询问出口时,由于当地方言难懂,我觉得自己好像到了国外一般
	R037:晚上最后一班公交车上只有我一个人,仿佛成了我的专车。我看着外面熟悉的街道,体会着只有我和司机在车上的这段行程,有种很特别的感觉
沿途情境	R052:令我印象深刻的就是过年回家的时候,坐火车或者自驾。春节期间无论是坐火车还是自驾路上人都比较多,如果选择自驾的话能避开高峰期最好了
	R074:由于目的地偏僻,回来时没有合适的交通工具
	R313:在回老家的路上,我坐在爸爸的车上,享受那一段路程。家乡越来越好,路上不再那么坎坷泥泞,曾经低矮的房屋大都重新刷过漆。农村的绿植很多,我的眼睛得到了很好的放松
	R209:有一次我骑电动车迷路了,当时看着面前的路,觉得很熟悉,于是凭借印象,将电动车拧到底一路往前行驶。当我发现已经到了人烟稀少的地方时,出于害怕我打开了腾讯地图,才发现都快到高速路口了
	R280:由于火车站离学校比较远,要先坐几分钟的公交,再坐差不多 1 个小时的地铁才能到火车站。有次我因为没有把握好时间导致差点没赶上火车,那时恰逢节假日,学生都比较多,出地铁的时候电梯比较慢,于是我就抱着行李箱从楼梯跑了上去
	R329:青甘大环线展现了草原—荒漠—草原的高海拔戈壁荒漠之景。我们全程自驾出行,没有任何目的地,每天的食宿也不固定,开到哪里就住哪里,走到哪里就吃到哪里,整个行程约 2 600 千米。这里的风景都在路上,我们不去人多的景点,也不去网红打卡地,只去风景最美的地方和有历史文化气息的地方。唯一的缺点就是太累了,我们每天都要行驶将近 600 千米的路程。还好整个旅行中都是晴天,我们的体验非常棒
	R037:晚上最后一班公交车上只有我一个人,仿佛成了我的专车。我看着外面熟悉的街道,体会着只有我和司机在车上的这段行程,有种很特别的感觉

附表 3(续)

范畴	原始资料语句
地理位置	R204:我第一次独自出远门,从老家到重庆,一路上都很胆怯,到了一个地方不知道怎么走就问路人,他们都会耐心地告诉我。搭乘地铁询问出口时,由于当地方言难懂,我觉得自己好像到了国外一般
	R099:乘坐青岛轮渡体验式出行,应关注用户的新奇感和体验感
	R156:青岛的环海公交,主要是为了照顾游客,车上面的各种装饰也很应景
	R313:在回老家的路上,我坐在爸爸的车上,享受那一段路程。家乡越来越好,路上不再那么坎坷泥泞,曾经低矮的房屋大都重新刷过漆。农村的绿植很多,我的眼睛得到了很好的放松
	R209:有一次我骑电动车迷路了,当时看着面前的路,觉得很熟悉,于是凭借印象,将电动车拧到底一路往前行驶。当我发现已经到了人烟稀少的地方时,出于害怕我打开了腾讯地图,才发现都快到高速路口了
	R168:澳门轻轨的首发可以免费乘坐。车站和车辆都非常新,站内的导视牌指示明确没有歧义。站内有工作人员帮助刷卡、指引路线和辅助乘坐,非常贴心。车辆内部干净通透,沿途可观赏澳门的景色,大人和小孩乘坐时都非常开心
	R139:我去了重庆红土地站,就是为了体验一下传说中我国最深的地铁站。扶梯特别长,纵向深度大,我转了十几分钟才到最下面,差点想放弃
	R240:我去云南登黄龙山时,第一次有高原反应。先是乘坐环山客车到达山腰,乘坐过程中我的高原反应剧烈,头晕目眩,多次呕吐;下山时乘坐缆车,过程较为放松。整个旅行过程较疲倦,主要因为高原反应下乘车比较痛苦
	R329:青甘大环线展现了草原—荒漠—草原的高海拔戈壁荒漠之景。我们全程自驾出行,没有任何目的地,每天的食宿也不固定,开到哪里就住哪里,走到哪里就吃到哪里,整个行程约 2 600 千米。这里的风景都在路上,我们不去人多的景点,也不去网红打卡地,只去风景最美的地方和有历史文化气息的地方。唯一的缺点就是太累了,我们每天都要行驶将近 600 千米的路程。还好整个旅行中都是晴天,我们的体验非常棒
	R314:暑假出去旅游,从草海到六盘水,再到贵阳,最后到广东
风格统一性	R104:晚上用滴滴打车软件打车,司机的车内饰很有设计感,放的歌也很好听
	R168:澳门轻轨的首发可以免费乘坐。车站和车辆都非常新,站内的导视牌指示明确没有歧义。站内有工作人员帮助刷卡、指引路线和辅助乘坐,非常贴心。车辆内部干净通透,沿途可观赏澳门的景色,大人和小孩乘坐时都非常开心
	R171:在厦门的时候约了一辆专车,司机服务态度很好,车子虽然很便宜,但是乘坐体验很好。当时我满头大汗坐上车子,感觉很舒适,行驶过程中可以静静看着沿途的风景
	R180:滴滴出行的车子很好、很便捷、很有科技感,坐起来也很舒服

附表 3(续)

范畴	原始资料语句
安全性	R011:有一次我骑共享单车,刹车故障害我重重地摔了一跤,以至于很长一段时间我都不敢再去骑共享单车
	R313:有一次我坐公交车,车的尾部突然起火了,由于车里人很多,下车的时候人挤人,后来驾驶员用灭火器把火熄灭了,我们又去另一个地方等车
	R319:和朋友两个人骑一辆共享单车,遇到了一个小坑,没有躲过去,两个人都摔了一跤。一个月后摔伤的地方才不怎么疼
	R156:坐长途汽车去黄山,差点翻车
设备效率	R033:飞机上的服务非常贴心,不管是要报纸还是要毯子,乘务员都能及时响应。飞机上的影音系统也很有趣,可以打发无聊的时间
	R052:令我印象深刻的就是过年回家的时候,坐火车或者自驾。春节期间无论是坐火车还是自驾路上人都比较多,如果选择自驾的话能避开高峰期最好了
	R039:去上海时我没有选择高铁这种便捷的交通工具,而是选择需要一天一夜的长途客车,就是为了观赏去上海途中的风景
	R055:乘地铁去鸡鸣寺非常方便,中途转两次地铁就好了,在站内就可以直接转,出了站直接就到目的地了
	R258:高铁又快又稳,就是偶尔会晚点,需提前 10 分钟检票,如果错过了这趟班次可以改签一次
	R311:时间充足时我大多乘公交车,但有急事时就用打车平台打车更方便快捷
	R313:有一次长途旅行,我坐了 12 个小时的大巴,由于时间太长,旅行体验并不好
	R280:由于火车站离学校比较远,要先坐几分钟的公交,再坐差不多 1 个小时的地铁才能到火车站。有次我因为没有把握好时间导致差点没赶上火车,那时恰逢节假日,学生都比较多,出地铁的时候电梯比较慢,于是我就抱着行李箱从楼梯跑了上去
	R013:澳门的公交车上有停车呼叫按键,如果没有人按,司机会直接忽略该站点疾驰而过。公交车内还有免费 Wi-Fi 与 USB 接口。遇到坐轮椅的乘客时,司机会让车身向路边倾斜,便于轮椅上车,非常贴心
智能化程度	R207:在高德软件上打车等了好久
	R260:体验的过程就是坐公交从首站到末站,只为了蹭公交上的空调
	R311:现在出行非常方便,尤其是我们老年人,以前想上哪去都要等孩子有空才能开车带去,现在只要在手机上预约出租车一会就到非常方便,感谢平台
	R168:澳门轻轨的首发可以免费乘坐。车站和车辆都非常新,站内的导视牌指示明确没有歧义。站内有工作人员帮助刷卡、指引路线和辅助乘坐,非常贴心。车辆内部干净通透,沿途可观赏澳门的景色,大人和小孩乘坐时都非常开心

附表 3(续)

范畴	原始资料语句
智能化程度	R231:自动驾驶式旅游代替自驾游
	R013:澳门的公交车上有停车呼叫按键,如果没有人按,司机会直接忽略该站点疾驰而过。公交车内还有免费 Wi-Fi 与 USB 接口。遇到坐轮椅的乘客时,司机会让车身向路边倾斜,便于轮椅上车,非常贴心
	R096:我第一次坐京沪高铁的商务舱时,发现舱内和驾驶室仅用一块玻璃隔开,且这块玻璃是电子玻璃。如果想看前方的风景或是保证舱内的隐私性,便可以按下按钮,这样玻璃便不再透明
	R277:香港叮叮车的上下车顺序和地铁差不多,乘客从后门上车,到站从前门下车,下车时支付车费。支付方式只有两种:一种是投币,且不找零钱;另一种是刷卡,我忘了卡叫什么名字,总之是香港特有的交通卡。不能用微信和支付宝的感觉真的不好
无障碍	R055:乘地铁去鸡鸣寺非常方便,中途转两次地铁就好了,在站内就可以直接转,出了站直接就到目的地了
	R311:现在出行非常方便,尤其是我们老年人,以前想上哪去都要等孩子有空才能开车带去,现在只要在手机上预约出租车一会就到非常方便,感谢平台
	R168:澳门轻轨的首发可以免费乘坐。车站和车辆都非常新,站内的导视牌指示明确没有歧义。站内有工作人员帮助刷卡、指引路线和辅助乘坐,非常贴心。车辆内部干净通透,沿途可观赏澳门的景色,大人和小孩乘坐时都非常开心
	R139:共享电动车,租借方便,随借随停
	R277:香港叮叮车的上下车顺序和地铁差不多,乘客从后门上车,到站从前门下车,下车时支付车费。支付方式只有两种:一种是投币,且不找零钱;另一种是刷卡,我忘了卡叫什么名字,总之是香港特有的交通卡。不能用微信和支付宝的感觉真的不好
	R333:第一次坐高铁时,找不到充电的地方
交通政策	R168:澳门轻轨的首发可以免费乘坐。车站和车辆都非常新,站内的导视牌指示明确没有歧义。站内有工作人员帮助刷卡、指引路线和辅助乘坐,非常贴心。车辆内部干净通透,沿途可观赏澳门的景色,大人和小孩乘坐时都非常开心
	R317:我印象最深刻的是乘坐飞机去英国参加学术会议,在出关的时候,机场工作人员耐心地用英语和我交流
	R323:新冠疫情的时候,没戴口罩的人不能乘坐公共交通工具
	R177:高考结束后的暑假,由于我没有坐过飞机,就想着趁假期体验一次,跟爸妈商量之后就准备坐飞机去香港玩。接着我去公安局办了港澳通行证,这一步感觉还是挺麻烦的,因为要为了出行特地去做一件事

附表 3(续)

范畴	原始资料语句
交通政策	R227：到了香港之后，我坐过最多的交通工具就是地铁。香港的地铁线分布很广、很细，一般想去哪里只需要坐地铁就行。原本以为在香港打车只要招手的士就会停下，结果我在路边怎么招手都没有车停，后来才知道要到特定的的士站打的，在这一方面感觉还是内地的打车方式更方便。香港有一种交通工具叫作“叮叮车”，以前只在电影里见过，和内地的公交车差不多，但上下车的顺序和内地公交车不同
	R277：香港叮叮车的上下车顺序和地铁差不多，乘客从后门上车，到站从前门下车，下车时支付车费。支付方式只有两种：一种是投币，且不找零钱；另一种是刷卡，我忘了卡叫什么名字，总之是香港特有的交通卡。不能用微信和支付宝的感觉真的不好
	R301：我平时出行次数很多，最近一次是从武汉飞往徐州，第一次体验 3+3 短途小飞机的商务舱，就是宽一点的大板凳，但是空姐的服务明显好很多
服务流程	R033：登机以后飞机不会立刻起飞，需要等待一段时间，工作人员会一一检查旅客的行李。行李要尽量放在上方柜子里，或者旅客的脚边，之后乘务员会向旅客展示一些防护工具的使用方法。起飞前，乘务员会提醒旅客将手机调至飞行模式或者关机。经济舱有点吵，不知道头等舱怎么样。如果坐飞机刚好赶上吃饭时间，乘务员会为每一位旅客送上餐食
	R240：我去云南登黄龙山时，第一次有高原反应。先是乘坐环山客车到达山腰，乘坐过程中我的高原反应剧烈，头晕目眩，多次呕吐；下山时乘坐缆车，过程较为放松。整个旅行过程较疲倦，主要因为高原反应下乘车比较痛苦
	R177：高考结束后的暑假，由于我没有坐过飞机，就想着趁假期体验一次，跟爸妈商量之后就准备坐飞机去香港玩。接着我去公安局办了港澳通行证，这一步感觉还是挺麻烦的，因为要为了出行特地去做一件事
	R277：香港叮叮车的上下车顺序和地铁差不多，乘客从后门上车，到站从前门下车，下车时支付车费。支付方式只有两种：一种是投币，且不找零钱；另一种是刷卡，我忘了卡叫什么名字，总之是香港特有的交通卡。不能用微信和支付宝的感觉真的不好
	R004：有一次从成都飞回南京的机票临时被取消了，我在机场非常着急，好在售票人员感受到了我的焦虑，非常专业和迅速地帮我查询邻近城市的票务信息，最后帮我选择了下午飞回无锡的航班，并交代我可在无锡转高铁赶回南京，票价也是相比南京附近其他城市较为便宜的。有了如此专业和贴心的服务，我当时焦虑的心情也平复了不少
	R329：印象最深刻的是去普吉岛的旅行，整个旅程从飞机转到汽车，再到小摩托车。我不喜欢填鸭式的旅游，所以选择了乡村别墅沉浸式旅游的方式，接触的都是当地人。整个旅程都是小摩托车代步，我每天骑着摩托车在小岛上到处乱转。印象最深刻的就是下午的时候我开着摩托车去海边看日落，路上没有人，两辆车三个人在山间驰骋，不认识路，就是乱走
	R033：登机以后飞机不会立刻起飞，需要等待一段时间，工作人员会一一检查旅客的行李。行李要尽量放在上方柜子里，或者旅客的脚边，之后乘务员会向旅客展示一些防护工具的使用方法。起飞前，乘务员会提醒旅客将手机调至飞行模式或者关机。经济舱有点吵，不知道头等舱怎么样。如果坐飞机刚好赶上吃饭时间，乘务员会为每一位旅客送上餐食

附表 3(续)

范畴	原始资料语句
乘客餐饮	R073:澳门航空的餐饮还特备了有名的钜记手信的杏仁饼,香香甜甜非常美味,以至于我下了飞机就先冲向卖手信的地方采购
	R321:这次和家人一起去微山湖是临时决定的,我们开车看到微山湖的牌子时本来以为就到了,其实并没有,我们还要坐船到对岸。在坐船的途中,我看到微山湖的村民使用自制的划行工具划船,就像语文课本里描写的"一叶扁舟"一样,亲眼看到还是觉得很神奇。我们逛了微山湖的巷子,吃到了微山湖的特产,还买了芦苇折的青蛙和当地人自制的油纸伞和鸭蛋,这些无不体现劳动人民的智慧,这是一次令我难以忘怀的出行
	R137:第一次一个人坐火车,不知道火车站在哪,不知道怎么走流程,而且火车上的饭菜真的不合我的胃口
	R013:澳门的公交车上有停车呼叫按键,如果没有人按,司机会直接忽略该站点疾驰而过。公交车内还有免费 Wi-Fi 与 USB 接口。遇到坐轮椅的乘客时,司机会让车身向路边倾斜,便于轮椅上车,非常贴心
	R033:登机以后飞机不会立刻起飞,需要等待一段时间,工作人员会一一检查旅客的行李。行李要尽量放在上方柜子里,或者旅客的脚边,之后乘务员会向旅客展示一些防护工具的使用方法。起飞前,乘务员会提醒旅客将手机调至飞行模式或者关机。经济舱有点吵,不知道头等舱怎么样。如果坐飞机刚好赶上吃饭时间,乘务员会为每一位旅客送上餐食
车内娱乐	R033:飞机上的服务非常贴心,不管是要报纸还是要毯子,乘务员都能及时响应。飞机上的影音系统也很有趣,可以打发无聊的时间
	R104:晚上用滴滴打车软件打车,司机的车内饰很有设计感,放的歌也很好听
	R045:国际航班因飞行时间长,舱内会有非常丰富的影音系统,拖鞋和毯子一应俱全,空姐还会时不时地贴心询问
	R158:现在在滴滴上叫快车有种拆盲盒的感觉,经常坐到不同品牌的新能源汽车。有一款车内饰特别酷炫,有一整块大屏幕,还有 360°倒车影像和全景天窗
信息提供	R033:登机以后飞机不会立刻起飞,需要等待一段时间,工作人员会一一检查旅客的行李。行李要尽量放在上方柜子里,或者旅客的脚边,之后乘务员会向旅客展示一些防护工具的使用方法。起飞前,乘务员会提醒旅客将手机调至飞行模式或者关机。经济舱有点吵,不知道头等舱怎么样。如果坐飞机刚好赶上吃饭时间,乘务员会为每一位旅客送上餐食
	R168:澳门轻轨的首发可以免费乘坐。车站和车辆都非常新,站内的导视牌指示明确没有歧义。站内有工作人员帮助刷卡、指引路线和辅助乘坐,非常贴心。车辆内部干净通透,沿途可观赏澳门的景色,大人和小孩乘坐时都非常开心
	R163:有一次我用打车软件叫车,车没有什么特别的,但是司机非常风趣,在聊天过程中讲到某种方言的起源,与我们之前了解的差距很大,令人印象深刻
	R317:我印象最深刻的是乘坐飞机去英国参加学术会议,在出关的时候,机场工作人员耐心地用英语和我交流

附表 3(续)

范畴	原始资料语句
信息提供	R175:由父母引导、孩子参与,双方通过思维导图一同制订计划,选车次、酒店、景点、美食,再到双方亲身体验整个旅行过程。大人在开心旅行的同时见证了孩子的成长,大人和孩子都感觉很棒
	R011:成都的景点众多,地铁导视系统和问询台会根据地面上的景点方向进行标注,很方便
员工技能	R033:如果坐飞机刚好赶上吃饭时间,乘务员会为每一位旅客送上餐食。我第一次坐飞机时吃得还不错,后面几次感觉一般
	R103:不管是寒冬还是酷暑,我们只需提前预约打车,滴滴司机就能在指定地点等我们上车,这大大减少了我们候车的时间;同时,顺风车也为我们节省了用车费
	R163:有一次我用打车软件叫车,车没有什么特别的,但是司机非常风趣,在聊天过程中讲到某种方言的起源,与我们之前了解的差距很大,令人印象深刻
	R231:我刚开始进行在线接单服务时,操作软件不太熟练,接人晚点了就被撤单
	R004:有一次从成都飞回南京的机票临时被取消了,我在机场非常着急,好在售票人员感受到了我的焦虑,非常专业和迅速地帮我查询邻近城市的票务信息,最后帮我选择了下午飞回无锡的航班,并交代我可在无锡转高铁赶回南京,票价也是相比南京附近其他城市较为便宜的。有了如此专业和贴心的服务,我当时焦虑的心情也平复了不少
	R171:在厦门的时候约了一辆专车,司机服务态度很好,车子虽然很便宜,但是乘坐体验很好。当时我满头大汗坐上车子,感觉很舒适,行驶过程中可以静静看着沿途的风景
	R328:有一次我使用滴滴出行,司机非常贴心,得知车上有人容易晕车,就开得很慢很稳
	R033:登机以后飞机不会立刻起飞,需要等待一段时间,工作人员会一一检查旅客的行李。行李要尽量放在上方柜子里,或者旅客的脚边,之后乘务员会向旅客展示一些防护工具的使用方法。起飞前,乘务员会提醒旅客将手机调至飞行模式或者关机。经济舱有点吵,不知道头等舱怎么样。如果坐飞机刚好赶上吃饭时间,乘务员会为每一位旅客送上餐食
	R045:国际航班因飞行时间长,舱内会有非常丰富的影音系统,拖鞋和毯子一应俱全,空姐还会时不时地贴心询问
	R317:我印象最深刻的是乘坐飞机去英国参加学术会议,在出关的时候,机场工作人员耐心地用英语和我交流
	R328:有一次我使用滴滴出行,司机非常贴心,得知车上有人容易晕车,就开得很慢很稳
	R168:澳门轻轨的首发可以免费乘坐。车站和车辆都非常新,站内的导视牌指示明确没有歧义。站内有工作人员帮助刷卡、指引路线和辅助乘坐,非常贴心。车辆内部干净通透,沿途可观赏澳门的景色,大人和小孩乘坐时都非常开心

附表 4　主轴编码过程及结果

主范畴	对应子范畴	范畴关系的内涵
预期	猎奇心理	个体的猎奇心理会影响其对该交通服务的预期，进而影响交通体验
	口碑宣传	通过不同渠道得知某种交通服务的特点，对它有所期待
	事前认知	对某种交通服务的认识程度
	路径选择	个体的路径选择会影响其对交通体验的预期
	交通习惯	若接受的交通服务与以往的交通习惯相去甚远，会带来与预期的较大差异
	意外惊喜	超出了预期的惊喜
感受	风景可视性	时空变化是交通过程中的重要特征，风景的可视性影响交通过程中的感受
	感官输入	在交通过程中各项感官都在接受不同的刺激输入，影响人的综合感受
	情感共鸣	交通过程中产生的情感共鸣是感受的一种
	生理差异	个体的生理差异会产生感受程度的强弱
	高效便利	交通速率和换乘便利性会直接影响感受
	等待时间	等待时间会对个体的交通体验造成影响
	沉浸投入	沉浸其中，感受不到时间的流逝，主观上缩短交通过程的时间，是好的交通体验
影响	难忘事件	由交通服务引发了一些难忘的事情（包括与产品之间、与其他人之间）
	再现记忆	再现记忆是一次交通体验给人们带来的回味与影响
	自我形象	使用某些交通服务会让个人产生优越感、质量感等，影响交通体验
	情绪调节	情绪调节对个体的交通体验形成一定的影响
	增进关系	增进关系对个体的交通体验形成一定的影响
	认知积累	交通过程中得到的认知积累对个体的交通体验形成一定的影响
	个人满足	满足个人展示、互动、被关注等欲望
环境	社交场域	交通过程形成的社交场域属于环境的一种
	沿途情境	车辆运行的沿途情境是环境的一种
	地理位置	车站等所建造或设置的地理位置是环境的一类
设施	安全性	安全性是设施的重要指标之一，也是人们常提及的交通体验
	设备效率	设备效率以及运转程度均是设备的重要指标
	智能化程度	智能化程度是设施的属性之一
	无障碍	设施的无障碍设计程度对交通体验起到一定影响
	风格统一性	同一体系下的物理设施设计风格的统一程度

附表 4(续)

主范畴	对应子范畴	范畴关系的内涵
服务	交通政策	交通政策对个人的交通体验会有一定影响
	服务流程	服务流程的合理性是服务的属性之一
	乘客餐饮	餐饮服务是交通服务中的一类
	车内娱乐	车内娱乐是附加服务中的一类
	信息提供	信息提供和信息识别度均属于服务
	员工技能	员工技能是服务的体现方式之一

附表 5　典型用户访谈记录

访谈人物基本信息		
姓名:时亚如	年龄:35 岁	性别:男
	职业:车身设计工程师	地区:武汉
访谈内容		

●使用高德地图的始发动机是什么?

・城市发展越来越迅速,开车出门需要导航软件,我就下载了使用量最大的高德地图,但是百度地图和腾讯地图我也用过

●您一般什么时间段会用到什么功能呢?

・大部分时间是即将出门去某处的时候,就会打开高德地图搜索路线,然后驱车去目的地;有时会懒得开车,直接用高德地图上的“打车”功能叫车前往;有时是在某个不熟悉的地方玩的时候会打开高德地图的“附近”功能,搜索附近的美食、药店、超市,经过对比后前往;还有时会因为想熟悉某个地区的规划,看城市的街道,打开“街景模式”通过软件去熟悉那个环境

●您上面提到的功能很多,那请问您对高德地图的具体功能的使用体验感受如何呢?

・“导航出行”“打车”“附近”等这些功能我都常用,高德地图的界面设计很简洁,操作也简单、步骤少、效率高、让人容易接受

●高德地图中您最喜欢的功能是什么?请举例说明。

・我很喜欢高德地图中小岳岳的语音提示包,会根据路况有不同诙谐幽默的提示语,缓解开车拥堵的心情。并且在拥堵时,高德会询问我拥堵的原因,可以实时上报,并且同堵在一条路上的人们可以通过“拥堵圈”功能用同一个频段聊天,极大缓解拥堵时期的无聊,而且通过这个功能我还认识了一些新的朋友,让我觉得自己通过这个软件和意想不到的人联系到了一起

●高德地图给您带来最大的改变是什么?它吸引您反复使用的原因是什么?

・高德地图有效改变了我的路怒症,让我尽量用平和的心态去开车,或者分散一些拥堵时的情绪。通过“拥堵圈”的功能让我和他人有了连接。现在只要想出门,就会直接打开高德,我也不知道为什么,应该就是习惯了吧。一个软件好用且有趣,我就会一直用

附表 6　作品 G 体验要素分析表

体验要素		地铁类交通服务	
一级	二级	优点	缺点
载体	设备	·安全可靠	·难以改动,一成不变
	服务	·统一标准	·服务形式较单一
	环境	·因地而异	·不受人为控制,不确定性较高
期许	期望值	·非新兴地铁并无特殊期待	·容易固化
	动机	·网红地铁站打卡 ·时间可控	·较单一
	目标	·乘坐便捷、高效 ·新奇体验	·较单一
进程	展现	·因站点城市而异 ·导视系统鲜明	·购票渠道较多
	反馈	·清晰明确	·机动性差
	参与	·行为参与较多	·机械化完成交通目标,缺少情感参与
	节奏	·距离近、便捷,则乘坐次数较多	·站点较远,稍有不便,乘坐减少
连接	与物连接	·乘坐抓握感受较好	·乘坐抓握感受较差
	与人连接	·无	·与其他乘客不可控的连接
	与景连接	·地铁特有景观	·与运行线路沿途环境失去连接
意义	情绪波动	·惊喜、满足、自豪等	·失望、不满等
	记忆	·特殊性会成为记忆	·无
	自我改变	·无	·较少
价值	价值	·绿色出行 ·低碳生活 ·票价低	·机动灵活性差

资料来源:根据设计者草图资料整理编制。

参考文献

安娃,2019.从语境到设计对象的生活方式研究[J].包装工程,40(20):15-21.
陈为,2011.用户体验设计要素及其在产品设计中的应用[J].包装工程,32(10):26-29,39.
陈向明,2000.质的研究方法与社会科学研究[M].北京:教育科学出版社.
陈至立,2022.辞海:缩印本[M].7版.上海:上海辞书出版社.
池莲,2014.谈电子商务O2O模式面临的机遇与挑战[J].商业时代(25):63-64.
崔冬晖,2019.当代中国轨道交通空间设计方法新趋势的研究:公共文化服务系统视野下的城市轨道交通公共空间文化规划与设计实践[D].北京:中央美术学院.
戴力农,2014.设计调研[M].北京:电子工业出版社.
邓力源,2020.可供性视域下地图服务类应用的交互设计研究[D].无锡:江南大学.
邓胜利,2008.国外用户体验研究进展[J].图书情报工作,52(3):43-45.
杜威,2004.哲学的改造(增补版)[M].张颖,译,邹铁军,审校.西安:陕西人民出版社.
甘为,2015.基于社会化媒体的共生交互及汽车社交设计[D].长沙:湖南大学.
格里芬,1995.后现代科学:科学魅力的再现[M].马季方,译.北京:中央编译出版社.
谷中原,2006.关于交通社会学发展的学术研究问题[J].求索(8):102-104,117.
洪亮,任秋圜,梁树贤,2016.国内电子商务网站推荐系统信息服务质量比较研究:以淘宝、京东、亚马逊为例[J].图书情报工作,60(23):97-110.
胡飞,姜明宇,2018.体验设计研究:问题情境、学科逻辑与理论动向[J].包装工程,39(20):60-75.
胡小妹,2014.信息可视化设计与公共行为研究[D].北京:中央美术学院.
胡仪元,2008.价值范畴的哲学探析[J].陕西理工学院学报(社会科学版),26(1):8-13.
黄厚石,2009.设计批评[M].南京:东南大学出版社.
黄荣怀,张晓英,陈桄,等,2012.面向信息化学习方式的电子教材设计与开发

[J]. 开放教育研究,18(3):27-33.
季晓莉,2017. 香港与武汉城市道路人行导示系统比较研究[D]. 武汉:武汉理工大学.
蒋立兵,万力勇,陈佑清,2017. 面向用户体验的微课设计框架构建与应用[J]. 电化教育研究,38(2):122-128.
堺屋太一,李辛,1989. 世界性的知识价值革命正在进行[J]. 中共中央党校学报(1):29-31.
李德顺,2007. 价值论[M]. 2 版. 北京:中国人民大学出版社.
李经龙,张小林,郑淑婧,2005. 旅游体验:旅游规划的新视角[J]. 地理与地理信息科学(6):91-95.
李静,李世国,2008. 从交互设计的视角探索人与产品的情感交流[J]. 包装工程(9):151-153.
李俊,2007. 人性化城市交通发展的理论与应用研究[D]. 武汉:武汉理工大学.
李世国,2007. 交互系统设计:产品设计的新视角[J]. 装饰(2):12-13.
李洋,2012. 基于乘务员特性的机车驾驶界面优化设计研究[D]. 成都:西南交通大学.
李振福,2002. 交通文化及其城市形象整合功能[J]. 北方交通大学学报(社会科学版),1(1):74-77.
林安轩,2019. 地图服务商视角下的互联网地图商业模式发展研究[D]. 北京:北京邮电大学.
林冬梅,2013. 旅客出行服务设计与可靠性评价方法研究:以铁路旅程规划为实例[D]. 北京:北京交通大学.
林建新,2017. 基于乘客视觉感知行为的综合客运交通枢纽分级导向标识布设方法研究[D]. 北京:北京交通大学.
刘光华,1927. 交通[M]. 上海:商务印书馆.
刘建花,杨蕙馨,2013. 消费者响应企业社会责任的内在机理与干预路径:基于扎根理论的探索性研究[J]. 现代财经(天津财经大学学报),33(4):12-20.
卢明银,王丽华,苑宏伟,2007. 运输经济学[M]. 徐州:中国矿业大学出版社.
罗仕鉴,龚蓉蓉,朱上上,2010. 面向用户体验的手持移动设备软件界面设计[J]. 计算机辅助设计与图形学学报,22(6):1033-1041.
牟峰,褚俊洁,2008. 基于用户体验体系的产品设计研究[J]. 包装工程(3):142-144.
诺曼,2012. 设计心理学 3:情感化设计[M]. 北京:中信出版社.
欧阳波,贺赟,2006. 用户研究和用户体验设计[J]. 江苏大学学报(自然科学版),

27(5):55-57,77.
欧阳桃花,2004.试论工商管理学科的案例研究方法[J].南开管理评论,7(2):100-105.
派恩,吉尔摩,2008.体验经济(修订版)[M].夏业良,曹伟,等译.北京:机械工业出版社.
邱珂,2017.民国中期公共交通工具及设施设计研究[D].南京:南京艺术学院.
沈冠东,2016.数字图像叙事设计模式研究[J].包装工程,37(4):41-45.
石丹,2014.高德地图:找到乐趣 改变行为[J].商学院(7):45-47.
水木然,2016.跨界战争:商业重组与社会巨变[M].北京:电子工业出版社.
孙浩,2016.基于情境感知的移动导航应用体验设计研究[D].杭州:浙江理工大学.
孙凯,2017.基于高德地图的图书馆室内导航构建与服务研究[D].天津:南京大学.
孙晓娥,2012.深度访谈研究方法的实证论析[J].西安交通大学学报(社会科学版),32(3):101-106.
覃京燕,陶晋,房巍,2007.体验经济下的交互式体验设计[J].包装工程,28(10):200-201,220.
田少波,2010.现代交通业发展的理论与实证研究[D].武汉:武汉理工大学.
屠曙光,2008.设计的叙事:论后现代设计中的非物质设计[J].新美术,29(5):98-101.
托夫勒,1985.未来的冲击[M].秦麟征,等译.贵阳:贵州人民出版社.
万力勇,赵鸣,赵呈领,2006.从体验性游戏学习模型的视角看教育数字游戏设计[J].中国电化教育(10):5-8.
汪光焘,王婷,2020.贯彻《交通强国建设纲要》,推进城市交通高质量发展[J].城市规划,44(3):31-42.
王弼,2013.周易注疏[M].韩康伯注,孔颖达疏,陆德明音义.北京:中央编译出版社.
王建明,王俊豪,2011.公众低碳消费模式的影响因素模型与政府管制政策:基于扎根理论的一个探索性研究[J].管理世界(4):58-68.
王健,1992.交通美学:理论与实践[M].北京:科学技术文献出版社.
王金红,2007.案例研究法及其相关学术规范[J].同济大学学报(社会科学版),18(3):87-95,124.
王甦,汪安圣,2006.认知心理学:重排本[M].北京:北京大学出版社.
王妍妍,2018.上班族通勤换乘交互服务系统设计研究[D].大连:大连理工大学.
魏峰,2018.高速列车旅客界面人-椅适配性优化设计研究[D].成都:西南交通大学.
武琪,2015.高德地图:用数据丈量城市的蓝色幸福[J].财经界(22):32-36.
夏胜利,2016.高铁客运枢纽交通流线设计理论与方法研究[D].北京:北京交通大学.
向泽锐,2016.基于轮椅使用者乘车能力的高速列车旅客界面优化设计研究[D].成都:西南交通大学.
晓天,2018.第三代加持[J].汽车知识(9):14-19.
辛向阳,曹建中,2015.设计3.0语境下产品的属性研究[J].机械设计32(6):105-108.
辛向阳,2019.从用户体验到体验设计[J].包装工程,40(8):60-67.
辛向阳,2011.混沌中浮现的交互设计[J].设计(2):45-47.
辛向阳,2014.交互设计的哲学思考[J].设计(5):8.
辛向阳,王晰,2018.服务设计中的共同创造和服务体验的不确定性[J].装饰(4):74-76.
熊广忠,1990.城市道路美学:城市道路景观与环境设计[M].北京:中国建筑工业出版社.
杨冉冉,2016.英汉近义名词的行为特征对比研究:以英汉语影响类名词为例[D].曲阜:曲阜师范大学.
杨祥民,2016.问学品艺录[M].北京:中国文联出版社.
于东玖,王样,2016.社会价值驱动的可持续创新与设计策略[J].南京艺术学院学报(美术与设计)(2):171-176.
袁婷,2014.基于价值共创视角的综合交通枢纽服务设计研究[D].天津:天津大学.
曾庆抒,2016.超以象外 虚实相生:汽车人机交互软硬界面整合设计[D].长沙:湖南大学.
张学东,2013.设计叙事:从自发、自觉到自主[J].江西社会科学,33(2):232-235.
张志祯,2016.虚拟现实教育应用:追求身心一体的教育:从北京师范大学“智慧学习与VR教育应用学术周”说起[J].中国远程教育(6):5-15,79.
章勇,2017.基于感知语义的高速列车乘客车厢系统布置方法研究[D].成都:西南交通大学.
赵丹华,2013.汽车造型的设计意图和认知解释[D].长沙:湖南大学.

赵婉茹,2015.基于互联网产品的用户体验要素研究[D].无锡:江南大学.

赵伟军,史博源,2011.论现代设计价值的构成[J].兰州大学学报(社会科学版),39(3):163-166.

支锦亦,2012.基于视觉感知特性的列车车内色彩环境舒适性研究[D].成都:西南交通大学.

周俊俊,2014.基于设计价值论的设计价值评估研究[D].上海:上海交通大学.

周舒,张岚岚,2009.云计算改善数字图书馆用户体验初探[J].图书馆学研究,(4):28-30,36.

周文治,2017.汽车造型情感设计的要素与方法[D].长沙:湖南大学.

周煜啸,罗仕鉴,朱上上,2012.手持移动设备中以用户为中心的服务设计[J].计算机集成制造系统,18(2):243-253.

AGIWAL M, ROY A, SAXENA N, 2016. Next generation 5G wireless networks: a comprehensive survey[J]. IEEE communications surveys and tutorials,18(3):1617-1655.

ANDREWS J G,BUZZI S,CHOI W,et al.,2014. What will 5G be? [J]. IEEE journal on selected areas in communications,32(6):1065-1082.

AU V, 2017. Urban spine: a pedestrian-oriented multi-modal transportation infrastructure for improving health and well-being in the urban environment [D]. Hawaii:University of Hawaii at Manoa.

BOLTON R, SAXENA-IYER S, 2009. Interactive services: a framework, synthesis and research directions[J]. Journal of interactive marketing,23(1):91-104.

BUCHANAN R,1998. Branzi's dilemma:design in contemporary culture[J]. Design issues,14(1):3-20.

BUCHANAN R,2009. Thinking about design:an historical perspective[M]// Philosophy of technology and engineering sciences. Amsterdam Elsevier:409-453.

BUHALIS D,FOERSTE M,2015. SoCoMo marketing for travel and tourism: Empowering co-creation of value[J]. Journal of destination marketing and management,4(3):151-161.

CAGAN J,VOGEL C M,2004. Creating breakthrough products[M]. Beijing: China Machine Press.

COOPER A,2014. About face:the essentials of interaction design[M]. 4th. Indiana:John Wiley & Sons.

CSÍKSZENTMIHÁLYI M,1997. Finding flow:the psychology of engagement with everyday life[M]. New York:Basic Books.

DECI E L, RYAN R M, 1985. Intrinsic motivation and self-determination in human behavior[M]. Boston:Springer.

DECI E L,RYAN R M,2000. The "what" and "why" of goal pursuits:human needs and the self-determination of behavior[J]. Psychological inquiry, 11(4):227-268.

DESMET P, HASSENZAHL M, 2012. Towards happiness: possibility-driven design[J]. Studies in computational intelligence,396:3-28.

DILLER S, SHEDROFF N, RHEA D, 2005. Making meaning: how successful businesses deliver meaningful customer experiences [M]. Berkeley: New Riders.

DOMÍNGUEZ A, SAENZ-DE-NAVARRETE J, DE-MARCOS L, et al., 2013 Gamifying learning experiences: practical implications and outcomes [J]. Computers & education,63:380-392.

EISENHARDT K M,1989. Building theories from case study research[J]. The academy of management review,14(4):532.

EYAL N, 2015. Hooked: how to build habit-forming products[J]. Journal of aerosol medicine,3(1):146-148.

FISHMAN T, 2012. Becoming the people of the Talmud[M]. Philadelphia: University of Pennsylvania Press.

FREI C A, 2015. User-driven demand adaptive transit: enhancing the user experience through flexible transit for low-density communities [D]. Evanston:Northwestern University.

HOLBROOK M B, HIRSCHMAN E C, 1982. The experiential aspects of consumption:consumer fantasies, feelings and fun[J]. Journal of consumer research,9(2):132-140.

JAAKKOLA E, HELKKULA A, AARIKKA-STENROOS L, 2015. Service experience co-creation: conceptualization, implications, and future research directions[J]. Journal of service management,26(2):182-205.

JAIN R, AAGJA J, BAGDARE S, 2017. Customer experience: a review and research agenda[J]. Journal of service theory and practice,27(3):642-662.

JENSEN J L, 2014. Designing for profound experiences[J]. Design issues, 30(3):39-52.

KANDAMPULLY J,ZHANG T T,JAAKKOLA E,2018. Customer experience management in hospitality: a literature synthesis, new understanding and research agenda [J]. International journal of contemporary hospitality management,30(1):21-56.

KEELEY L,PIKKEL R,QUINN B,et al.,2013. Ten types of innovation: the discipline of building breakthroughs[M]. New Jersey:John Wiley & Sons.

LANG D J,WIEK A,BERGMANN M,et al.,2012. Transdisciplinary research in sustainability science:practice,principles,and challenges[J]. Sustainability science,7:25-43.

LEWANDOWSKY S, ECKER U K H, SEIFERT C M, et al., 2012. Misinformation and its correction: continued influence and successful debiasing[J]. Psychological science in the public interest: a journal of the American psychological society,13(3):106-131.

LIN J, YU W, ZHANG N, et al., 2017. A survey on Internet of things: architecture,enabling technologies,security and privacy,and applications[J]. IEEE Internet of things journal,4(5):1125-1142.

LIU R,2017. Capturing and analyzing human driving behavior to improve road travel experience[D]. New Brunswick:Rutgers University-New Brunswick.

MAKLAN S, KLAUS P, 2011. Customer experience: are we measuring the right things? [J]. International journal of market research,53(6):771-772.

MEHRABIAN A, RUSSELL J A, 1974. An approach to environmental psychology[M]. Cambridge:The MIT Press.

MOTTA G, FERRARA A, SACCO D, et al., 2013. Integrated mobility: a research in progress[J]. Journal of software engineering and applications,6(3B):97-101.

NIEUWENHUIS P,BERESFORD A,CHOI A K Y,2012. Shipping or local production? CO_2 impact of a strategic decision:an automotive industry case study[J]. International journal of production economics,140(1):138-148.

OSTROM A L, PARASURAMAN A, BOWEN D E, et al., 2015. Service research priorities in a rapidly changing context [J]. Journal of service research,18(2):127-159.

PEKRUN R,GOETZ T,FRENZEL A C,et al.,2011. Measuring emotions in students' learning and performance:the achievement emotions questionnaire (AEQ)[J]. Contemporary educational psychology,36(1):36-48.

PINE Ⅱ B J,GILMORE J H,1998. The experience economy:past,present and future[J]. Harvard business review,76(6):176.

PINE Ⅱ B J,GILMORE J H,1998. Welcome to the experience economy[J]. Harvard business review,76(4):97-05.

PRAHALAD C K,RAMASWAMY V,2004. Co-creation experiences:the next practice in value creation[J]. Journal of interactive marketing,18(3):5-14.

RICHARDSON C T,2012. A study of Generation X's and Y's perception of the customer experience when purchasing airline travel[D]. Minneapolis: Capella University.

SCHMITT B, 1999. Experiential marketing [J]. Journal of marketing management,15(1/3):53-67.

SEABORN K,FELS D I,2015. Gamification in theory and action:a survey[J]. International journal of human-computer studies,74(C):14-31.

SHEDROFF N, 2003. Research methods for designing effective experiences [M]. Cambridge:The MIT Press.

STRAUSS A L,CORBIN J M,1990. Basics of qualitative research: grounded theory procedures and techniques[M]. Newbury Park:Sage Publications.

STREETING M,EDGAR E,2016. Mobility as a service: the next transport disruption:a perspective from China[R]. Special report:1-12.

TI J T H,2017. Influencing public transport passenger experiences via mobile social services[D]. Brisbane:Queensland University of Technology.

TOFFLER A, 1970. Future shock [J]. American journal of sociology, 429 (1):104.

TOFFLER A,1981. The third wave[M]. New York:Bantam Books.

TUKKER A,TISCHNER U,2006. Product-services as a research field:past, present and future. Reflections from a decade of research [J]. Journal of cleaner production,14(17):1552-1556.

TYNAN C, MCKECHNIE S, 2009. Hedonic meaning creation though Christmas consumption: a review and model [J]. Journal of customer behaviour,8(3):237-255.

VARGO S L, LUSCH R F, 2008. Service-dominant logic: continuing the evolution[J]. Journal of the academy of marketing science,36(1):1-10.

VERGANTI R, 2008. Design, meanings, and radical innovation: a metamodel and a research agenda[J]. Journal of product innovation management,25(5):

436-456.

VERHOEF P C, LEMON K N, PARASURAMAN A, et al., 2009. Customer experience creation: determinants, dynamics and management strategies[J]. Journal of retailing, 85(1):31-41.

WU H K, LEE S W Y, CHANG H Y, et al., 2013. Current status, opportunities and challenges of augmented reality in education [J]. Computers & education, 62(C):41-49.

后　记

随着写作接近尾声，紧锁的眉头也逐渐舒展。捧一杯热茶，眺望远方，往事点点滴滴浮现眼前，感激的话语涌上心头。

首先要特别感谢恩师辛向阳教授！辛老师高尚的师德品格、独特的思维视角、哲人的生命感观以及严谨的治学态度无不深深感染着我。老师无论是在传道还是解惑时，对待学生均一丝不苟、倾囊相授，可惜学生愚钝，每每要将老师的话语录下反复聆听方可悟出其中一二，与老师之期甚远，以后还需继续跟随老师完善自己，不负师门。

读博期间，让我感到开心的不仅是自我知识体系的建构和学术上的进步，还有这一路走来新结识的良师益友，他们增益着我的生活，丰盈了我的灵魂，让我感到无比幸福。感谢澳门科技大学博士班的马泉、李立新、秦俭、邵琦、黄光辉、朱淳、温国勋、王雪清、王晓晓、陆定邦等老师的倾囊相授以及在本人研究过程中的指导与建议；感谢辛门的师兄师姐们：郭莉、虞昊、李满海、王愉、朱建春、王晰、吕曦、安娃、魏娜、任文勇、朱丽、杨丽丽等，大家在学术道路上的相互扶持、彼此鞭策，让我收获了犹如战友间的情谊，思之幸甚；感谢博士班的同学们：丁熊、闫艳、郑晓君、崔烁、孙静、王乃霞、张艺、宋润民、张锋、刘恒、王洋、郭宜章、陈晓敏、刘平云、黄钺、张丽丽、张海华、许栋梁、焦海若、陈淑飞、李大壮等，大家一起上课、一起完成作业，一起吃、一起住，让我在而立之年又重拾珍贵异常的校园时光；需要感谢的还有我亲爱的朋友和同事们：冯惠、陈亮、张磊、黄传辉、赵恩兰、王磊、董妍等，是你们在生活和工作中给予我多方的照顾和鼓励，帮助我越过学习和工作中的坎坷。

最后，仅将此书献给我的家人：爱人陈昊，是你为我扫平求学道路上的一切障碍，毫无保留地支持我、鼓励我，忍受我因学业压力而日渐乖戾的脾气；爱子陈炳羽，你从不会因为我不在家而哭闹，免去了我很多牵挂，4 年间也从幼儿园宝宝成长为二年级小学生……写到这里我已热泪盈眶，脑海里不停浮现这 4 年间的点点滴滴。我感激我的家人们，父母公婆 4 位老人是我们家庭稳定和谐的坚固基石。尤其是我的婆婆，2018 年年初查出绝症，强撑病体帮我照顾孩子，支持我去澳门求学。婆婆坚强的意志以及乐观的心态深深感染着我。

求学4年,如梦一场,再次感恩导师辛向阳教授,带我入门,让我可以在这一段充满探索、实践和反思的学术道路上坚定、幸福地走下去。学生将一直铭记您所说的那句话:“做有意义的事,成为有价值的人。”

唐　珊

2022年春于澎湖苑